Elfie Donnelly
Gebrauchsanweisung für Mallorca

Elfie Donnelly

GEBRAUCHS ANWEISUNG
für
Mallorca

Piper München Zürich

Außerdem liegen vor:

Gebrauchsanweisung für Amerika von Paul Watzlawick
Gebrauchsanweisung für Andalusien von Nikolaus Nützel
Gebrauchsanweisung für Bayern von Bruno Jonas
Gebrauchsanweisung für China von Uli Franz
Gebrauchsanweisung für Deutschland von Maxim Gorski
Gebrauchsanweisung für Griechenland von Martin Pristl
Gebrauchsanweisung für England von Heinz Ohff
Gebrauchsanweisung für Hamburg von Stefan Beuse
Gebrauchsanweisung für Irland von Ralf Sotscheck
Gebrauchsanweisung für Israel von Martin Wagner
Gebrauchsanweisung für Italien von Henning Klüver
Gebrauchsanweisung für Japan von Gerhard Dambmann
Gebrauchsanweisung für Kuba von Arno Frank Eser
Gebrauchsanweisung für Mexiko von Susanna Schwager/
Michael Hegglin
Gebrauchsanweisung für München von Thomas Grasberger
Gebrauchsanweisung für New York von Natalie John
Gebrauchsanweisung für Portugal von Eckhart Nickel
Gebrauchsanweisung für Schottland von Heinz Ohff
Gebrauchsanweisung für die Schweiz von Thomas Küng
Gebrauchsanweisung für Tibet von Uli Franz
Gebrauchsanweisung für Tschechien von Jiří Gruša

ISBN 3-492-27505-2
© Piper Verlag GmbH, München 2002
Gesetzt aus der Bembo-Antiqua
Gesamtherstellung: Clausen & Bosse, Leck
Printed in Germany

www.piper.de

Inhalt

Die Insel der Stille 9
Zwischen Orient und Okzident 14
Benvinguts – Ankunft im Paradies mit kleinen
   Fehlern 21
Eine Stadt mausert sich 29
La marcha – wie man in Palma die Nacht zum Tage
   macht 41
Der Stolz der Provinz 46
Weihnachten im Doppelpack 53
Ein Mallorquiner kommt selten allein 61
In fremden Zungen 77
Bon profit heißt guten Appetit 84
Vom schönen Schein und schönen Scheinen . . . 97
Fairways, Fairneß und Finanzen 109
Schaffe, schaffe, Finca baue 117
Salud und *insalud* – wenn das Paradies krank
   macht 134
Was die Piraten nicht klauen konnten 143
Getränkt von reinster Poesie 153
Von Hexen, Höhlen und Heilern 163
Hier bitte nicht parken 172

Tausend Dank an meine Assistentin und Freundin Cornelia Shambala Wegner, die ihre reichen Erfahrungen als Mitglied einer mallorquinischen Familie mit mir geteilt und Literatur für mich gewälzt hat!

Die Insel der Stille

Auf der Südeuropa-Nordafrika-Karte, Maßstab 1:2 Mio., befindet sich einen Zeigefinger rechts von Valencia, einen Mittelfinger unter Barcelona und einen Männerdaumen über Algier eine Vierer-Inselgruppe, die sich die *Balearen* nennt.

Die größte dieser Inseln heißt Mallorca, was sich von *major*, der Größten, ableitet; dafür hält sie sich heute noch, obwohl sie in der Größenrangfolge der mediterranen Inseln nur Platz sechs einnimmt. Dennoch: 3640 Quadratkilometer sind nicht zu verachten, vor allem wenn sich auf dieser Fläche alle Attribute eines Minikontinents drängen: Berge, bis zu 1400 m hoch, Täler, die bis unter den Meeresspiegel reichen, weite, fruchtbare Ebenen, ein paar meist trockene Flußläufe, malerische Marktflecken und superbe Küstenstriche mit schroffen Klippen, Kieselstränden oder sanften Sandbänken, eine hochmoderne Müllverbrennungsanlage und eine Stadt, die immer noch so bezaubernd ist wie zu jener Zeit, als sie den poetischen Namen *Medina Mayurca* trug statt des banalen *Palma* oder *Ciutat*.

Der Vollständigkeit halber seien die weiteren Inseln der Balearen genannt: Menorca, das platt, windig und englisch angehaucht eine gute Kulisse für Rosamunde Pilcher-Romanzen bietet, Formentera, eine gefühlsechte Sahara-Kulisse, und das Disko-Nirwana Ibiza oder Eivissa. Letztere ist eher versehentlich unter die katalanischen Balearen geraten, denn neuesten gentechnischen Untersuchungen zufolge verbergen sich unter den Dächern von Ibizas weißen Häuschen die Nachfahren der alten Phönizier, mit denen die anderen Insulaner außer der Schnellfähre kulturell wenig verbindet.

Der Mallorquiner hatte bis vor wenigen Jahren mit dem Rest der bewohnten Welt nicht viel am Hut. Denn was gibt es, das auf Mallorca nicht auch zu bekommen wäre, und noch dazu in besserer Qualität? Vor allem das Wetter: 330 Tage im Jahr scheint die Sonne. Im Sommer treibt es nur der August manchmal etwas bunt, im Winter friert man an höchstens fünf, sechs Januartagen. Die Schlangen sind nicht giftig, auch treiben keinerlei Stechraupen ihr Unwesen wie auf dem fernen Konkurrenzeiland Hawaii, Großraubkatzen gibt es nur im Tierpark, und die Haie in den Küstengewässern sind Vegetarier. Die Berge sind ein Wanderparadies, die vorgelagerte Insel Cabrera ein Naturpark, Orangen und Zitronen wachsen wie anderswo Unkraut, Armut und Elend sind selten und gut versteckt. Würden die Inselstraßen in der Hochsaison nicht auf einen Kollaps zusteuern, ginge Mallorca als der Prototyp des Paradieses durch. Denn braucht so eine Insel, losgelöst und autonom, mehr zum Glücklichsein? Daß Mallorca unter dem Meer mit dem spanischen Festland verbunden ist, ja, daß es in Porto Christo eine Finca gibt, auf deren Land einmal jährlich echtes Pyrenäenwasser aus dem Boden quillt, ist ein Umstand, den der Mallorquiner gerne ignoriert.

So ein fragiles Gebilde wie dieser Minikontinent muß genau durchdacht sein, deshalb begann Gott, der bekanntlich im Kloster Lluch auf Mallorca geboren wurde und danach nach Frankreich umzog, kurz nach der Schöpfung mit der Planung. Damit die wunderschöne Insel nicht umkippte, verteilte ER in Kooperation mit einigen Engeln und Seinen Ebenbildern ihr Lebendgewicht plus Behausungen gleichmäßig auf Sóller, Pollença, Artà, Manacor und Palma, streute in vernünftigen Abständen Dörfer in die dazwischenliegende Landschaft und freute sich Seines ewigen Daseins.

Es lebte sich gut auf Mallorca in den vergangenen Jahrhunderten. Feinde kamen, raubten, brandschatzten und segelten wieder weiter.

Daß nach den Römern, den Arabern, den Aragoniern, den türkischen Piraten, dem Schmugglerkönig Juan March und dem Generalissimo Franco ausgerechnet die harmlos wirkenden Blaßhäutler mit ihren Strandhandtüchern für eine erneute Inselrevolution sorgen würden, damit konnten die friedliebenden Insulaner nicht rechnen.

Aber rechnen konnten sie! In verblüffend kurzer Zeit zog das Baugewerbe eine Hundertschaft häßlicher Wohnblocks hoch – in der Hoffnung, die Invasoren würden diese Behausungen in S'arenal so furchtbar finden, daß sie noch auf den Hacken umdrehten und auf die Kanaren weiterzögen. Doch daraus wurde nichts, die Invasoren blieben, vor allem wegen der kürzeren Flugzeiten. Damit das touristische Leben erträglicher wurde, nahmen einige Deutsche die weitere Ausschmückung selbst in die Hand. Sie errichteten auf dem Holodeck von S'arenal täuschend echte Bierlokale, flogen Schweinshaxen, anständiges Bier und Jürgen Drews ein und lehrten die Mallorquiner Staunen und Grausen. Nur die demonstrative Barbusigkeit mancher Blondinen wurde von der männlich bestimmten Exekutive nicht ungern gesehen.

Ist diese Insel also dem Untergang geweiht? Keinen Besuch mehr wert? Als Deutschlands 17. Bundesland abgekanzelt, zubetoniert? Als Bewohnerin dieser Insel möchte ich heftig mit dem Kopf nicken und rufen: genau, genau! Bitte zu Hause bleiben! Aber anderseits möchte man als Neu- oder Altinsulaner den Stolz auf das Eiland gerne mit anderen teilen. Den schlechten Ruf hat Mallorca nämlich wirklich nicht verdient.

Stellt man sich Mallorca wie eine leicht verformte Pizza vor, sind die Hotelburgen und Touristenfallen nicht mehr als der verbrannte, harte Rand. Im Inneren der Pizza Mallorquina – und am linken Rand – finden sich die Köstlichkeiten dieser Insel, die viel mehr ist als die Summe ihrer Sehenswürdigkeiten.

Und es gibt – mindestens – zehn verschiedene Mallorcas. Das Mallorca der Mallorquiner. Das der Spanier. Das der Engländer. Das der Zigeuner. Das der afrikanischen Einwanderer. Das Mallorca der »Mallorca-Deutschen«, die ganzjährig hier leben. Das der deutschen Zweithausbesitzer. Das Mallorca der überwinternden Rentner. Das Mallorca der Yuppies. Die Insel der Golfer, der Segler, das Mallorca der Hautevolee, das Mallorca der Wanderer, der Radfahrer ...

Was also ist diese Insel? Das Florida Europas? Die reichste Provinz Spaniens? Hab ich gesagt, es gäbe zehn verschiedene Mallorcas? Es gibt unzählige mehr. Und genau deswegen kann der Versuch einer Gebrauchsanweisung nicht schaden. Die im Gegensatz zu anderen ihrer Art keinen Anspruch auf Vollständigkeit erhebt. Denn sonst müßte sie statt knappe 200 Seiten einige dicke Folianten füllen ... so wie es einem Minikontinent eigentlich zustehen würde!

Zwischen Orient und Okzident

Lange bevor die silbernen Vögel aus dem Norden den Zugvögeln zu folgen begannen, existierten menschliche Wesen auf den Inseln im westlichen Mittelmeer. Anthropologen meinen, die Ureinwohner Mallorcas wären vor etwa achttausend Jahren aus dem heutigen Frankreich oder von der spanischen Ostküste eingewandert. Schon zweitausend Jahre später bekamen die Inselbewohner einen Vorgeschmack auf die Zukunft. Sie erfuhren, wie es ist, Spielball fremder Mächte und Interessen zu sein, als unerwünschter Besuch vor der Tür stand. Der kam vom schwarzen Kontinent oder aus dem Kaukasus und war eher unfreiwillig an der Südostküste gestrandet: es waren Schiffbrüchige, von starken Winden aus Afrika an die neuen Gestade geworfen. Wo sie der Einfachheit halber gleich blieben, um sich zu vermischen, zu vermehren und vielleicht auch jene, die sich ihnen entgegenstellten, niederzumetzeln. Das geschah mit Hilfe einer effektiven Waffe, der Steinschleuder. Viel später wurden die Nachfahren dieser Kampfsportler wegen ihres besonderen Talents von Hannibal rekrutiert. Die Schleudern bekamen auch weitere zweitausend Jahre nach der ersten Invasion die Griechen zu spüren, als sie aus dem östlichen Mittelmeer einsegelten, um den Höhlenbewohnern die architektonischen Grundprinzipien beizubringen. Auf die griechischen Eroberer geht der Name *Balearen* zurück, nach ihrer Bezeichnung für Schleuder – *ballein*. Bald überließen sie die Insulaner wieder ihrem Schicksal – aber nicht, ohne die wißbegierigen Urmallorquiner vorher in der Gewinnung und Verarbeitung von Silber, Zinn und Eisen zu unterweisen. Woher die Idee stammte, Steine nicht nur zu schleudern, sondern auch zu sammeln und zu megalomanen Megalithen aufzutürmen, wird wohl für immer im Dunkel der Geschichte verborgen bleiben. Jedenfalls zieren diese um 1300 vor Christus errichteten *talayots* – megalithische Wehrtürme – auch heute noch viele Landstriche der Inseln. In manchen hausen allerdings jetzt die schwarzen Schweine, ein altes Muli, oder sie sind als architektonisches Gustostückerl einem originellen Restaurant einverleibt worden.

Wenig später, etwa ein knappes Jahrhundert nachdem die ersten *talayots* auftauchten, erschienen die Phönizier auf der Bildfläche. Sie brachten eine die Menschheit noch heute erfreuende Erfindung ins Spiel des Lebens: die bare Münze. Die geographische Lage der Balearen begünstigte das Wachstum des Wohlstands. Die Insulaner machten Geschäfte mit Griechen, Karthagern und den Phöniziern, die sich mit dem Metallhandel zwischen Spanien und dem Orient beschäftigten. Die damals noch recht kleinen Schiffe zwangen die Seefahrer, unterwegs auf den Inseln »aufzutanken«. Als diese ergiebige Einnahmequelle mit den neuentwickelten größeren Schiffen auszutrocknen drohte, und die Seeleute Mallorca links liegen ließen, schulten die Mallorquiner prompt um und wurden Piraten. Wer dazu nicht taugte, jobbte als Söldner für jeden, der bezahlen konnte. So kämpften sie Schulter an Schulter mit den Römern, als letztere 146 vor Christus Karthago einebneten. Zum Dank verteilten die Römer nicht nur Sesterzen unter den Inselbewohnern, sondern sagten ihnen auch die politische Freiheit zu; das sollten sie bald bereuen. Die Piraten witterten freie Bahn und schreckten illoyalerweise auch vor römischen Galeeren nicht zurück. 123 vor Christus war das Faß übergelaufen – die Römer nahmen die Insel ein, was, in Anbetracht der nun folgenden regen römischen Bautätigkeit, Mallorca durchaus zum Vorteil gereichte. Bald hatte die Insel eine Infrastruktur, die sich sehen lassen konnte, und an den fruchtbaren Hängen reihte sich Weinstock an Weinstock. Den mallorquinischen Frauen scheinen die Römer gut gefallen zu haben: Die gemeinsamen Kinder sprachen Latein, und bald tummelten sich 30000 Menschen auf der Insel, die nun Mallorca, die Größere, im Gegensatz zum kleineren Menorca genannt wurde.

Es hätte alles so schön sein können: Wohlstand, bald auch ein mit heidnischen Elementen versetztes Frühchristentum und viel Sonnenschein. So viel Glück aber gönnten die Vandalen den Mallorquinern nicht: 450 nach Christus kamen sie zum Brandschatzen vorbei und blieben weitere hundert Jahre in der Gegend. Die Byzantiner reisten zwar etwas spät zur Rettung an, vertrieben aber die bösen Kerle. Mit den Byzantinern kehrte die Langeweile ein. Es war nicht viel los im westlichen Mittelmeer, und die Balearen drohten in Vergessenheit zu geraten. Das änderte sich erst, als im 8. Jahrhundert arabische Schiffe in den lädierten ehemaligen römischen Hafenanlagen festmachten. Sie verjagten die Byzantiner und etliche Ureinwohner, die gleichmütig unter allen Invasoren ausgeharrt hatten. Die übrigen Mallorquiner besannen sich auf ihre Piratentradition und begannen erneut, jedes vorbeisegelnde Schiff, das nach reicher Beute roch, zu überfallen. Erst 902 schafften es die Araber, das wilde Piratennest einzunehmen. Mehr als dreihundertzwanzig Jahre lang blieben sie auf Mallorca und entpuppten sich wie einst die Römer als wahrer Segen: Sie brachten die Sternenkunde mit, lehrten Medizin und Navigation, terrassierten Berghänge und pflanzten Orangen, Zitronen, Pfirsiche und Mandeln. Sie errichteten Gebäude im maurischen Stil, wie Schloß Raixa, das Landgut La Granja und die Gärten von Alfabia, und in Palma entstand der Almudaina-Palast. Die Emire von Mallorca liebten die Künste.

Religiöser Fanatismus machte dieser Blütezeit ein jähes und blutiges Ende. König Jaime I. von Aragón meinte, er müsse am letzten Tag des Jahres 1229 Palma für das Christentum zurückerobern, indem er 20000 *moros* in einem furchtbaren Gemetzel ins Jenseits schickte. Der Sohn des grausamen Aragoniers, Jaime II., erklärte Mallorca 1276 zum unabhängigen Königreich, was es jedoch nicht lange blieb; schon 1349 deklarierte Pedro IV. das pestgeschwächte Inselreich zu einer aragonischen Provinz. Hundertzwanzig Jahre später heirateten die Königskinder von Aragón und Kastilien, der Staat Spanien entstand – und zu dem sollte Mallorca fortan gehören. Und wieder blühte die Insel auf: Palma wurde zum Handelsplatz Nummer eins im westlichen Mittelmeer, mit dem dazugehörigen gesellschaftlichen Leben, dem Reichtum und der Dekadenz, die zuviel Wohlstand mit sich zu bringen pflegt. Die Prunksucht der Feudalherren stiftete Unfrieden unter den kleinen Bauern, aber ihr Aufstand wurde im Keim erstickt.

Die Zeiten waren alles andere als ruhig. Maurische Piraten aus Afrika und der Türkei kamen zum Plündern vorbei. Neue Wachtürme entstanden. Den Mallorquinern eilte 1571 eine Allianz Spaniens und Italiens zu Hilfe: Bei der berüchtigten Schlacht von Lepanto machte man der maurischen Piraterie den Garaus. Im 17. Jahrhundert schlug die Natur grausam zu und vernichtete Ernte um Ernte. Tausende von Mallorquinern packten ihre Ränzel und suchten das glücklichere spanische Festland auf.

Erst im 18. Jahrhundert kehrte unter dem bourbonischen König Karl III. wieder Leben nach Mallorca zurück. Dennoch wurde nicht viel über die Insel der Stille berichtet. Diese Aufgabe übernahm nach 1860 der österreichische Erzherzog Ludwig Salvator, der einen Narren an der Insel gefressen hatte. Er schrieb etliche Bücher und wurde so etwas wie der erste Tourismusminister Mallorcas. Um die Jahrhundertwende folgten vor allem die Engländer den Spuren des Erzherzogs, Individualreisende mit gut gefülltem Portemonnaie, die sich unter Mallorcas Sonne den Traum vom Paradies erfüllen wollten. Ein gewisser Dr. Tigges machte die Mittelmeerinsel einer breiteren deutschen Öffentlichkeit bekannt – da schrieb man das Jahr 1934.

In einem dunklen Kapitel der Inselgeschichte ließen über dreitausend Mallorquiner in den ersten sieben Monaten des spanischen Bürgerkrieges ihr Leben.

Diese traumatische Tatsache findet in den wenigsten Reiseführern Beachtung – auch weil die Mallorquiner selbst jahrzehntelang ein Mäntelchen des Schweigens über den Bruderkrieg gelegt haben. Daß etwa 15 000 bis 22 000 junge Männer – größtenteils zwangsrekrutiert – das blaue Hemd der Falangisten trugen und als Kinderarmee mit einer brutalen Säuberungswelle über die Insel tobten, daran mag niemand erinnert werden.

Dafür aber blieb den Mallorquinern ein Mann im Gedächtnis, dessen Name in jedem balearischen Ort in dicken Lettern hinter dem Wort Banca steht: Juan March. Niemand leugnet, daß der Volksheld aus Mallorca seine Reichtümer durch Schmuggel, Bestechung und Erpressung erworben hat. Während der Monarchie dirigierte March sein Imperium aus der Gefängniszelle, und daß er zum großen Finanzier der spanischen Nationalen wurde, tut der Bewunderung für diesen Draufgänger, der keine Moral kannte, kaum Abbruch. Der Generalissimo benutzte Juan Marchs Geld, um den Krieg zu gewinnen, und der Schmuggler bediente sich des Militärs, um seinen Reichtum zu vergrößern. Noch heute sind viele große Besitzungen auf Mallorca in den Händen der Erben des Juan March.

Die Blauhemden des Generalissimo Franco hielten das ganze Land fest im Griff, so auch Mallorca. In der Nähe von Manacor kam es zu heftigen Gefechten zwischen den Machthabern und der kommunistischen Volksfront. Die katholische Kirche spielte eine unrühmliche Rolle, indem sie Massenexekutionen nicht nur tolerierte, sondern für rechtens erklärte. In ganz Spanien wurden die Regionalsprachen unterdrückt – so mußten auch die Mallorquiner ihre katalanische

Muttersprache vergessen. Vierzig Jahre lang regierte der Caudillo. Den Massentourismus, der nach dem Ende des Zweiten Weltkriegs richtig in Schwung kam, focht das nicht an – die Urlauber merkten kaum, daß Mitte der siebziger Jahre der junge König Juan Carlos aus dem Geschlecht der Bourbonen Spanien zurück zur parlamentarischen Demokratie führte. Und 1983 erhielten die Insulaner zusammen mit der Autonomie als Region auch das Recht auf das Katalanische als zweite Amtssprache.

Die jüngsten Eroberer in der Geschichte Mallorcas kamen, wie eingangs erwähnt, auf silbernen Schwingen: die Touristen.

Benvinguts – Ankunft im Paradies mit kleinen Fehlern

Mallorca wird heutzutage meist aus der Luft erobert, im Sommer im Minutentakt. Mehr als 8 Millionen Touristen pro Jahr fliegen über die Halbinsel Formentor (die Deutschen) oder das Tal von Sóller (Briten und Festlandspanier) auf den Flughafen Son San Juan ein, hinter S'arenal gleich links.

Mallorca ist ein beliebtes Charterflugziel, und die Fluggesellschaften unterbieten sich gegenseitig mit Dumpingpreisen und Last-Minute-Tarifen. Linienflüge gibt es wenige. Deshalb befinden sich an Bord der Billigflieger auch wohlhabende Residenten und Zweithausbesitzer, die zwar nicht unter Geld-, wohl aber unter Zeitmangel leiden. Fürs Prestige wäre ein kleiner Learjet sicher besser, aber da paßt der Jeep nicht in den Frachtraum. So zwängt sich der Residente mit Aktenkoffer und Beautycase, der originalverpackten Designerlampe und den Papphröhren mit Bauplänen zwischen Oma Hinz und Onkel Kunz. Die standesgemäßere Linienmaschine hätte eben doch Umsteigen in Barcelona bedeutet.

Der deutsche Residente reist allein oder zu zweit. Man erkennt ihn schon am Ausgangsflughafen nicht nur am Gepäck, sondern auch an seinem verbissenen Schweigen. Laut sind nur die aufgeregt schnatternden

Zwei-Wochen-Urlauber, die mit ihrer Vorfreude nicht hinterm Berg halten. Wenn die Flugbegleiter die Sitzreihen aufrufen, blättern die »Resis« seelenruhig weiter in *Spiegel, Handelsblatt* und Lifestyle-Magazinen. Erst wenn es still geworden ist in der Lounge, blicken sie wie erstaunt um sich und schlendern mit gezückter Bordkarte lässig auf die Sperre zu. Die Profis mit Vielfliegerpaß – einige Fluggesellschaften sind dazu übergegangen, 10er-Karten zu verkaufen – steuern entschlossen auf die vorbestellten Notausgangsplätze zu, die beinahe Busineßclass-Qualität haben. Trotz aller Dünkelhaftigkeit weist der distinguierte Insider das »Plastikmenü« nicht von sich, auch wenn er nur gelangweilt darin herumstochert.

Während die anderen Passagiere sich angeregt unterhalten, den Ferien entgegenhibbeln und hier und da einen über den Durst trinken, starrt der Residente sauertöpfisch aus dem Fenster und freut sich nur ganz insgeheim darüber, daß hinter den Alpen der Himmel blaut.

Reisen die Residenten in Gruppen, sind sie meist keine, sondern bloße Zweithausinsulaner, mit Golftaschen bepackt. Diese Klientel übertrifft an Lautstärke die braven Malocher. Die Herren rufen schon vom Gate aus den Golfplatz an und verhandeln über die Abschlagzeiten. Die dazugehörigen Damen tragen Barbourhosen, dunkelblaue Steppjacken, Schultertaschen mit Goldkettchen, im blondierten Haar eine neckische Samtschleife und im vorgebräunten Gesicht die Nase eines bayrischen Promi-Chirurgen. Die Herren führen teure Lederjacken über schwarzgelbkarierten Hosen spazieren und lachen respektgebietend aus dem Bauch, den sie sich bei Hunderten von Geschäftsessen angepanzert haben.

Wer zum ersten Mal auf dem Flughafen von Palma landet, schwankt zwischen Schrecken und Verwunderung: schließlich war das Ziel die berühmte »Insel der Stille« und nicht Chicago O'Hare. Daß der Kapitän sich nicht verflogen hat, bestätigt sich erst zwanzig Minuten später – solange kann es dauern, bis man mit qualmenden Sohlen und schmerzenden Knien am Gepäckförderband angelangt ist. Getröstet wird der Ankömmling auf diesen scheinbar endlosen Gängen und Rollwegen durch verheißungsvolle Fotos von paradiesischen Stränden und azurblauen Buchten. Ja, da will man hin, jetzt gleich. Dann aber dauert es das Äquivalent der Flugstrecke Genua-Palma, bis die Flatterklappe am Förderband den Koffer ausspeit. Oder auch nicht. Das hängt davon ab, ob die Transportgewerkschaft zur *huelga,* dem besonders an Ostern und den Augustwochenenden beliebten Streik aufgerufen hat. Auch daß der Koffer manchmal erst am folgenden Morgen ins Hotel oder auf die Finca nachgeliefert wird, ist ein liebgewordener Brauch, der vermutlich auf die Zeit der arabischen Besetzung zurückgeht. Oder die der katholischen Könige.

Jedenfalls begrüßen einen da und dort Schilder mit der rätselhaften Aufschrift *Benvinguts.* Das ist nicht holländisch für »gute Weingüter«, sondern katalanisch, und heißt wörtlich »gut angekommen«, ist also eine Feststellung und kein wirklicher Willkommensgruß. Dennoch ist das freundlich gemeint. Bleibt nur die Frage, warum es dem Reisenden so schwer gemacht wird, die Insel zu betreten? Denn man kommt vom Flugzeug leichter in den Flughafen als aus dem Flughafen wieder heraus. Das megalomanische Gebäude, angelegt, um zwanzig Millionen Passagiere zu bewältigen, ist ein architektonischer Rebus. Gemeinhin besitzen mehrstöckige Gebäude ein Treppenhaus mit Aufzug oder Rolltreppe, das Mensch und Tier zwischen den Ebenen hin- und hertransportiert. Auf Palma Airport verhält sich das komplizierter. Wer von der Ankunfts- in die Eincheck-Ebene will, wird Glück haben, wenn er die versteckten grauen Kästchen als Aufzüge identifiziert. Sucht man weiter, findet man dort vielleicht die Rolltreppe oder den gläsernen Aufzug, der zur Abflugebene führt. Ganz weit entfernt und gut verborgen soll auch ein Treppenhaus existieren.

Hat man sich nicht am *punto de encuentro* (Treffpunkt) verabredet, steht man sich als Abholer verzweifelt an Ausgang F die Beine in den Bauch; dort soll, behauptet der winzige Monitor, gleich der Besuch aus München erscheinen. Aber dem ist nicht so.

Wer jemals den Beatles-Film »A hard days night« gesehen hat, erinnert sich vielleicht an das Haus mit den vier Türen, hinter denen sich ein einziger, gewaltiger Raum befand. Genauso verhält es sich mit der Ankunftshalle in Son San Juan: Der Ankömmling nimmt die Tür seiner Wahl und steht dann beleidigt an Ausgang E herum, während der frustrierte Abholer hoffentlich schon Kaffee trinken gegangen ist. Den besten gibt es unterm Parkhaus in der etwas klebrigen Bar am Rollsteig; dort schlürft auch das Flughafenpersonal seinen *café con leche*. Diese Bar ist zudem als Treffpunkt zu empfehlen, weil die Riesenwerbetafel darüber unübersehbar ist: In dicken Lettern steht da *Movistar*. Das ist kein schlechtes Englisch, sondern Werbung für eines der großen Mobiltelefonnetze.

Der Rollsteig selbst ist tückisch. Wer mit Verve seinen Gepäckwagen auf das Transportband schiebt, rammt sich die Querstange des Wagens in den Bauch: Rollsteigbelag und Wagenräder sind nicht kompatibel – eine abrupte Bremsung ist die Folge. Nur Neulinge und sehr Erschöpfte betreten den Rollsteig, die anderen ziehen hämisch ihre Koffer auf dem Asphalt an den Steckengebliebenen vorbei.

Wenn Ankömmlinge und Abholer einander durch eine glückliche Fügung doch gefunden haben, wartet die *Benvinguts*-Insel mit dem nächsten Hindernis auf: dem Parkhaus. Auf sechs Ebenen bietet es reichlich Platz und ist so gemütlich, wie man es von einem Parkhaus erwarten kann. Vor allem aber hat es etwas Spielerisches, denn sowohl auf dem grauen Beton als auch in lichter Höhe sind Zeichen und Pfeile angebracht, die einander diametral widersprechen. Folgt man den Ausfahrtspfeilen, fährt man so lange im Kreis, bis der Sprit aufgebraucht ist. Ein Tip für Ungeduldige: Die Ausfahrt befindet sich in der Nähe der Buchstaben G und J. Wirklich.

Nun hat der Abholer hoffentlich den Parkschein in die Maschinen beim Movistar-Café gesteckt und entwertet. Trotzdem kann es passieren, daß die Schranke unten bleibt und der Automat behauptet, er könne die Autonummer nicht identifizieren. Üblicherweise wird nämlich jedes Auto persönlich mit Nummer begrüßt. Wenn die Sperre bockt, muß man den Schein in aller Ruhe wieder aus dem Schlitz ziehen, tief durchatmen und dem Automaten gut zureden; beim zweiten oder dritten Anlauf wird er die Nummer erkennen, und die Schranke wird den Weg freigeben.

Auch die Leihwagen der Autovermieter sind im Parkhaus abgestellt. Oft liegt der Parkschein im Auto, das vielleicht auf Ebene 1, 2 oder 3 geparkt ist, jedenfalls möglichst weit entfernt vom nächstgelegenen Parkscheinentwerter. Die finden sich nämlich nur auf Ebene 4 und im Erdgeschoß. Also – immer mit der Ruhe. Die ganze Prozedur vom Verlassen des Flugzeuges bis zum Betreten der mallorquinischen Erde kann gut und gerne eineinhalb Stunden dauern.

Wenn aber alle Hürden bewältigt sind, wendelt man den Wagen hinunter auf Ebene 0 und versucht dabei Zusammenstöße zu vermeiden. Ist viel los, quietscht der Bodenbelag wie auf einer Go-Kart-Bahn. Man muß sich – was besonders die Engländer irritiert, die sich bereits krampfhaft umprogrammieren – verwirrenderweise auf der linken Straßenseite halten, bis man sich endlich zur Autobahn nach Palma rechts einordnen kann.

Wer nicht abgeholt wird, ist hoffentlich mit Reiseveranstalter unterwegs und tapert den Anweisungen der netten Menschen mit den Täfelchen folgend zum Bus.

Der einsame Individualreisende ohne Führerschein besteigt am besten den öffentlichen Bus, der zwischen Movistar-Café und dem ersten Rollsteig abfährt und Mann, Frau und Maus zur Plaza España, ins Herz von Palma, transportiert. Natürlich kann man auch ein Taxi nehmen. Tariftafeln klären über die Fahrpreise auf. Nur nachts um drei mutiert manch ein Taxifahrer zur Hyäne und fordert Wucherpreise. Je nach Müdigkeitsgrad wird man sich entscheiden müssen, ob man klein beigibt oder Widerstand leistet.

Man kann Mallorca natürlich auch vom Meer aus anpeilen. Mit der eigenen Yacht, dann bieten sich zahllose schicke Yachthäfen rund um die Insel an. Oder auf einer der zahlreichen Fähren. Täglich laufen die großen Pötte der Transmediterranea und der Balearia aus Barcelona, Denia, Alicante, Menorca und Ibiza in Palmas Fährhafen ein. Die neuen Schiffe, wie die *Sorolla* und die *Fortuny*, machen dem Flugzeug echte Konkurrenz. Die Luxusliner verfügen über Schwimmbad und Sauna, Fitneßcenter, Kino, Lesesäle, Kindergarten und Läden und sind endlich auch behindertengerecht. Die Fahrtzeiten haben sich halbiert, von Barcelona aus dauert es nur noch vier bis fünf Stunden. Mehr als achthundert Passagiere können auf diesen Kähnen gleichzeitig seekrank werden, und dreihundert Autos drängen sich hoffentlich gut gesichert in den Fronträumen. Die neueste Schnellfähre *Millenium* legt auf die Superlativa noch ein paar Zähne drauf.

Wer mit dem Schiff kommt, wird für die längere Anreise mit einem Postkartenmotiv belohnt. Da liegt Palma de Mallorca in seiner ganzen Pracht um die Bahia drapiert, eine Majorica-Perle nach der anderen: die Kathedrale, das Castillo Bellver, die Seefahrtsbörse ...

Im Hafenbecken dümpeln die eindrucksvollen Yachten der Superreichen und die zahlreichen Windjammer auf Durchreise. Ein paar Wermutstropfen in den blauen Gewässern vor der mallorquinischen Küste muß der romantiksuchende Reisende einfach ignorieren: den martialischen Anblick des ein oder anderen Kriegsschiffes, eines amerikanischen atombetriebenen Zerstörers zum

Beispiel, der eine magische Anziehungskraft auf die hübschen Regenbogengummiboote von Greenpeace ausübt. Wie kleine Entchen tummeln sich die mallorquinischen *llaüts* zwischen all den Dieselriesen und bleiben, wie der Mallorquiner, seltsam unbeeindruckt.

Dennoch stehen manchem, der über das Meer anreist, Tränen der Rührung in den Augen, so daß man glatt den Panamahut schwenken würde, wenn man einen hätte, sich die Rußflocken vom weißen Leinenanzug wischen möchte, den man auch nicht trägt, um dann mit der *fragrancia de Mallorca* in der Nase die Insel zu betreten. Diese Duftmischung aus Seetang, Dieselöl, Autoabgasen, blühendem Ginster und Bougainvilleas verbindet sich zu einer olfaktorischen Sensation, die man endlich in Flaschen abfüllen sollte.

Hach, jetzt wird das doch noch eine Liebeserklärung! Benvinguts!

Eine Stadt mausert sich

Daß die Mallorquiner ihre Hauptstadt Palma in der Landessprache einfach als *Ciutat* – die Stadt – bezeichnen, spräche Bände, meinte ein deutscher Nachbar, und es ließe Rückschlüsse auf das Selbstverständnis des Insulaners zu: Da Mallorca für den Mallorquiner die beste aller Welten ist, ein perfektes Universum in sich, kann es nur eine einzige Hauptstadt geben, die diesen Namen verdient. Als ob man seine Ehefrau statt mit ihrem Vornamen nur als »die Frau« tituliere!

Der zögerliche Einwurf eines Einheimischen, daß sich doch alles ganz anders verhielte, ging in einer lebhaften Diskussion unter. Dabei trägt die Stadt immer schon zwei Namen. Sie heißt *Ciutat de Palma,* was der Einfachheit halber zu *Ciutat* verkürzt wird. Oder zu Palma, je nachdem.

Wie dem auch sei – ob die Palmen, spanisch *palmeras*, an der Uferpromenade der Grund für die Namensgebung waren, oder ob sich *Palma* vom Wort für Handfläche herleitet –, klingt der alte maurische Name *Medina Mayurca* nicht viel romantischer in den Ohren?

Die Ciutat ist, was die wenigsten Neuankömmlinge wissen, eine der schönsten Städte im Mittelmeer. Das stellt man allerdings erst fest, nachdem man sich wakker durch einige fehlgeplante betonburgengraue Schlafstädte hindurchgehupt hat und in die Altstadt vorgedrungen ist. Auch wer sich vom Flughafen her über die Autobahn annähert, muß erst an rauchenden Schloten, Softdrinkfabriken, Zeitungshochhäusern, einem wilden Schilderwald und dem uncharmanten Klotz des lokalen Stromversorgers vorbei. Nur wer Palma vom Meer her erobert, dem offenbart sich die ganze Pracht der Balearenhauptstadt: Von der Seeseite präsentiert sich das Juwel im besten Licht, protzt mit einer gotischen Kathedrale, lockt mit einem Castillo, winkt mit einer cabrioverbrämten Promenade voller Luxushotels, Seefahrtsbörsen, Restaurants, Copa-Bars und weißen Jumbo-Yachten, so daß man nicht mehr weiß, wie man Nizza je schöner finden konnte. Vor allem nachts schillert die ehemalige Medina Mayurca wie ein Märchen aus den Zeiten der Großwesire.

Palmas Stadtkern ist überschaubar und wirkt in seinem *casco antiguo,* der Altstadt, wie ein Matchboxmodell von Barcelona, Gaudis Architektur inklusive. Um die Altstadt schlingen sich die Avenidas, unter denen die Reste der alten Stadtmauer und ein paar Parkhäuser verbuddelt sind. Die Wohn- und Geschäftsviertel jenseits der Avenidas erstrecken sich bis an den äußeren Ring der Via Cintura, die sich, wie der Name sagt, wie ein Gürtel um die Stadt legt, aber nicht verhindern kann, daß durch die Ösen des Gürtels die Stadt ihre Fangarme unerbittlich die Hügel hinaufreckt. Schließlich wollen 320 000 Palmesaner ein Dach über dem Kopf. Schon ist die zweite Via Cintura in Planung. Ihre Streckenführung wird die neuen Vororte näher ans Zentrum rücken und den Verkehr entlasten.

In den letzten vierzig Jahren hat sich Palmas Einwohnerzahl verdoppelt. Wie ein Magnet zieht die Perle des Mittelmeers die internationale High-Society, Busineß und Gauner an, wobei die Grenzen fließend sind. Die Universität zieht junge Leute an und platzt aus allen Nähten. Mehrmals im Jahr ist Palma Messestadt: Ob Antiquitäten, Bau, Schiffahrt, Handwerk, Esoterik – Palma spielt gerne den Gastgeber. An allen Ecken und Enden blüht und sprießt jene Kreativität, die entsteht, wenn verschiedene Kulturen auf engem Raum aufeinanderprallen. In Palma findet man, ohne danach suchen zu müssen, Süd-, Zentral-, und US-Amerikaner, Kubaner, Europäer aus sämtlichen Unionsstaaten, Schwarzafrikaner, Chinesen, Japaner, Maghrebiner, Zigeuner ... – und die dazugehörigen Restaurants, kulturellen Veranstaltungen, Sprachverwirrungen, Tänze und Moralvorstellungen. Vor wenigen Jahren noch war Palma ein eher verschlafener Ort, administrativer Nabel des Archipels und kommerzielles Zentrum, in dem vor und nach der Siesta halbherzig und lustlos die Belange der vier Inseln verwaltet wurden. Aber seit einem Jahrzehnt etwa beginnt Palma aus seinem Dornröschenschlaf zu erwachen und räkelt sich lautstark: mit Verkehrschaos, Preßluftbohrern und anderen Dezibelrekorden. Fast könnte man befürchten, daß der Medina Mayurca bald ihr letztes Stündlein schlägt, denn Palma wird von unten her angebohrt, durchlöchert wie Schweizer Käse, und das alles mit EU-Geldern und ein paar Scherflein von Zentralregierung und Consell Insular. Ist diese rege Schürftätigkeit ein Angriff unbekannter Mächte, die die Balearenhauptstadt fluten wollen? Sind es mißgünstige Ibicencos? Gar die neidischen Katalanen, die die Konkurrenz zum schönen Barcelona fürchten? Soll Palma in

Schönheit ertrinken wie Venedig? Irgendeine Erklärung muß es doch dafür geben, daß an jeder Ecke Probebohrungen stattfinden, die sich als Baustelle tarnen! Wird heimlich Öl gefördert? Keine zwanzig Schritte kann man in der Altstadt gehen, ohne in einen Graben zu fallen, in dem afrikanische oder marokkanische Bauarbeiter mit gelben Helmen ihre *bocadillos con queso y tomate* mampfen. Die fadenscheinige Ausrede der Baubehörde, daß die Gasleitungen erneuert, Stromkabel neu verlegt, Wasserrohre ersetzt werden müssen, glaubt keiner. So lange – die Stadt wird bereits seit einem halben Jahrzehnt systematisch durchlöchert – kann diese Runderneuerung kaum dauern.

Zur Verbesserung der Infrastruktur gesellt sich der Windmühlenkampf gegen die heranrollende Verkehrslawine. Die Überraschung war groß, als neulich ein Tunnel unter den Avenidas tatsächlich *vor* dem vereinbarten Termin dem Verkehr übergeben wurde. Auch die begonnene Verwirklichung eines futuristischen Müllentsorgungssystems nach Rohrpostprinzip läßt den Inselbewohner nicht in Ruhe schlafen und beschert ihm weitere Schützengräben, die er auf dem Weg zur Arbeit sicheren Fußes überqueren soll. Anscheinend hat man sich ein Beispiel genommen an den Mauren, die schon vor Hunderten von Jahren mit der Entwicklung unterirdischer Heizsysteme brillierten ... Die rege Bautätigkeit ist leider nicht auf die Altstadt beschränkt. Auch an der Peripherie wird, oberirdisch und unterirdisch, eifrig gebaut, gebuddelt, zementiert und gebohrt.

Die Ciutat hat nicht nur ein Zentrum, sondern derer viele. Die fleischfressende Pflanze Palma hat sich kleine

Dörfer einverleibt, in denen die Zeit stehengeblieben zu sein scheint. Jeder kennt jeden, und in den Geschäften kann man noch anschreiben lassen. Nachbarschaftshilfe muß nicht von oben verordnet werden. Leider werden diese Oasen des menschlichen Zusammenlebens durch Abrisse und Neubauten immer mehr zurückgedrängt.

Auch im *casco antiguo* scheint die Welt noch in Ordnung zu sein. Da gibt es Straßen, die wie im Mittelalter Läden einer einzigen Zunft beherbergen. Die Silberschmiede drängen sich in der S'argenteria, in der Corderia pflegt man das Flechthandwerk und verkauft Körbe, Matten, Seile und Strohhüte. Die extrem gestiegenen Wohnungspreise jedoch verändern merklich die Strukturen; die Schlechterverdienenden und Kinderreichen werden an den Stadtrand gedrängt. Seit die obere Mittelschicht Europas Palma für sich entdeckt hat, ist klar: Die Schickeria gibt den Ton an. In den romantischen Palästen der Altstadt wird emsig gebaut, und manche ehemals hochherrschaftliche 500-Quadratmeter-Wohnung verwandelt sich in fünf Luxussuiten, die für absurde Summen an prestigesüchtige Nordländer gebracht werden. Mittlerweile stehen allerdings viele der alten Palacios unter Denkmalschutz, und vor allem die sehenswerten Fassaden und Innenhöfe dürfen nicht von übereifrigen Architekten verschandelt werden. Um diesem Berufsstand aber nicht die Ehre abzuschneiden, muß gesagt werden: Der Großteil der Baukundigen, die sich mit Palmas Altstadtpalacios beschäftigen, liebt die alte Architektur, beschränkt sich aufs Restaurieren und Verschönern und hat die Preise durchaus verdient, die auf gelungene Sanierungsobjekte ausgelobt werden. Die Innenhöfe in der Altstadt sind übrigens an einigen Tagen des Jahres zur freien Besichtigung geöffnet.

Wer Palma besser kennenlernen will, sollte es am besten zu Fuß tun. Autos und ihre Halter haben in der Altstadt das Nachsehen. Die Fußgängerzonen werden von Jahr zu Jahr mehr ausgeweitet, und das ist auch gut so. Wer nicht flott zu Fuß ist, kann einen der vielen Busse nehmen, die ziemlich häufig, wenn auch nicht regelmäßig fahren, oder eines der zahlreichen Taxis herbeiwinken – deren Preise sind nach der Jahrtausendwende etwas gestiegen, aber immer noch erschwinglich.

Zur Erkundung der Stadt ist es angeraten, sich tageszeitlich antizyklisch zu verhalten, denn am ehesten erschließen sich einem die Schönheiten der Medina Mayurca morgens vor zehn Uhr und abends nach acht. Die Stadt verändert ihr Gesicht mit dem Lauf der Sonne: Während es draußen noch still ist und verschlafen, drängen sich morgens um acht die Geschäftsleute in den Bars zum ersten Kaffee und Gebäck. Noch sind kaum Autos zu hören, eine zeitlose, friedliche Atmosphäre liegt über den Gassen ... Langsam erwacht die Plaza España, die Züge aus dem Norden fahren ein, der Busbahnhof füllt sich, die ersten Pendler aus der mallorquinischen Provinz werden in die Stadt geworfen. Um neun klappern die *tacones* – die hohen Absätze – der jungen Verkäuferinnen übers Kopfsteinpflaster der Fußgängerzonen, die Rolläden rattern nach oben, der Geschäftstag beginnt. Mittags dann erfüllt der Duft von Gebratenem die Altstadtgassen. Es wird Zeit zu essen ...

Palma ist das kulinarische Zentrum der Insel. Es gibt

in der Hauptstadt Hunderte von Verköstigungsbetrieben aus aller Welt, von Gourmetrestaurants bis zu kleinen Pinten, die mittags das preisgünstige *menu del dia* anbieten. Die Ciutat ist eine Stadt der Bars und Cafés. In den Gaststätten der Hauptstadt treffen die beiden Realitäten Mallorcas aufeinander und bemühen sich, einander zu ignorieren: die kosmopolitischen Bewohner Palmas, die meist gutgekleidet ihrem Tagwerk nachgehen, ihre Akten studieren, ihren *cortado* – der auf mallorquin *tallat* heißt – der Gekürzte – oder den *cafe con leche* (*cafe amb llet*) trinken –, und die verwirrten Pauschalreisenden, die einen leicht bewölkten Tag für einen Stadtausflug nützen, ohne aber die Badekleidung abzulegen. Meistens bestellt der verirrte Sonnentourist einen Cappuccino mit Sahne. Der elegante Mallorquiner in der berühmten Bar Bosch am Paseo Borne findet sich dann wieder neben einem bierbäuchigen Deutschen in zu knappen Shorts und Badelatschen, der das T-Shirt am Strand hat liegen lassen und dem das Sonnenöl in Strömen den Rücken hinunterläuft. Es gibt tatsächlich viele Feriengäste, denen nicht bewußt ist, daß Palma de Mallorca eine moderne Großstadt ist und kein Vorort von S'arenal.

Nach zwei Uhr liegt wieder Ruhe über der Stadt; die Fensterläden werden geschlossen, und Palma zieht sich spröde zurück, zur Siesta. Bis vier herrscht Stille. Nur die ratlosen Touristen rütteln vergeblich an den Türen der Boutiquen und ziehen sich dann ins große, vollklimatisierte Kaufhaus an den Avenidas zurück, das durchgehend geöffnet ist.

Am Nachmittag wiederholt sich das Ritual des Morgens. Und schließlich, abends nach acht, erwacht das dörfliche Palma: Dann kommen die Großmütter aus den hohen Holztoren und führen Enkel, Hunde und ihre *maridos* spazieren. Falls letztere es nicht vorziehen, in den Cafés ein wenig Domino, Karten oder Schach zu spielen. Im Hochsommer tragen die Städter Klappstühle auf die Bürgersteige und *toman la fresca* – schnappen frische Luft. Das ist die Zeit, in der die Touristen in ihren Hotels beim Abendessen sitzen, die Geschäftsleute ihre Läden abschließen und Palma sich auf den Feierabend vorbereitet.

Die Nächte sind lang in der Ciutat. Der Mallorquiner und der ausländische Resident sind nachtaktiv. Aus unerfindlichen Gründen ist es schick geworden, nicht vor zehn Uhr auf die *marcha* zu gehen. Ein typischer Vergnügungsabend beginnt mit einem opulenten Mahl im Restaurant. Die Nahrungsaufnahme plus Kaffeetrinken sind meist gegen halb zwölf beendet. Dann geht es in die Copa-Bars auf ein oder zwei Gläser Wein und einen Cocktail oder in eine der vielen Live-Musikkneipen. Die Zeit, bis die Diskotheken ihre Pforten öffnen, muß stilgerecht überbrückt werden. Vor zwei Uhr morgens geht »man« nicht in die schillernden Tanztempel, und am coolsten ist es, erst gegen vier Uhr früh auf der Tanzfläche zu erscheinen. Dort herrscht eine unerbittliche Auslese: Nur die Muntersten überleben die Palmesaner Nächte. Um fünf Uhr morgens herrscht auf dem Paseo Marítimo oder ums Halbweltviertel der Plaza Gomila ein Verkehrsauftrieb wie Dienstag vormittags um elf.

Am besten macht man die Nacht in Begleitung eines Einheimischen zum Tage. Sonst endet man, Reiseführer in der Rechten, in Nepplokalen, wo das Personal voller Verachtung dabei zusieht, wie sich ratlose Touristen um Sitzplätze und überteuerte Cocktails balgen. So biegen sich im Abaco in der Calle Apuntadores, das sich einen dekadenten Anstrich gibt, nach altrömischem Vorbild die Körbe unter der Last exotischer Früchte, und den zum Dauerlächeln gelifteten Amerikanerinnen quillt die Verzweiflung aus den tränenden Augen. Im Hochsommer trifft man dort auch mal auf verunsicherte Urlauber aus den neuen Bundesländern, die der Speisekarte entsetzt die horrenden Preise für einen bunten Fruchtcocktail entnehmen, sich aber nicht trauen zu flüchten. Ach ja, das Abaco hat bessere Zeiten gesehen, ebenso wie seine Gäste!

Palma hat aber auch für Schlafmützen genug zu bieten. Die Märkte zum Beispiel sind ein echtes Erlebnis für Auge und Nase: Der Mercado Olivar und der Mercado de St. Catalina sind die bevorzugten Jagdgründe von Hausfrauen und Restaurantchefs, die im Morgengrauen auf Beutezug nach frischem Fisch und fremdländischem Gemüse gehen.

In den verwinkelten Gassen der Altstadt, links und rechts vom Paseo Borne, schießen kleine, feine Themenhotels aus den Baugruben, architektonische Schmuckstücke zu stolzen Preisen, mit allem Luxus, den das Wohnen im *casco antiguo* zu bieten hat. So klingen die Kirchenglocken im Ohr beim Bad im Pool auf dem Dach des zum Hotel umgebauten alten Palastes am oberen Ende der Apuntadores, nur wenige Schritte entfernt von den berühmtesten Tapas-Lokalen der Stadt.

Palma ist auch eine Stadt der schönen Künste. Die Ciutat allein beherbergt mehr als fünfzig Galerien, und eines der Highlights des Jahres ist die *nit de'l art* im September, wenn die Galerien bis drei Uhr morgens geöffnet haben.

Weil die Balearenhauptstadt als Wirtschaftszentrum erstaunlich viele Banken hat, ist sie natürlich auch ein Ort, um Geld auszugeben. Ein Shopping-Paradies tut sich da auf, sogar ein königliches. Im Sommer, wenn Majestät im Marivent-Palast zur Sommerfrische erscheinen, schlendert die Infantin Elena oder die sympathische Königin schon mal, flankiert von dem einen oder anderen Bodygard, bis zum Friseur unter den Arkaden der Jaime Tercero.

Ohne ein Paar Designerschuhe sollte kein Mallorca-Reisender die Insel verlassen. Die spanischen Designer genießen Weltruf und haben mindestens eine Repräsentanz auf der Insel. Adolfo Dominguez, Purificacion Garcia, Loewe, Ana Ruiz de la Prada ...

Natürlich ist Palma voll von Baudenkmälern aus allen Epochen seiner bewegten Geschichte. Man kann sich mit einem guten kulturhistorischen Führer tagelang von einem bemerkenswerten Bau zum nächsten bewegen. Zum Beispiel von der Seefahrtsbörse La Lonja zum Art-déco-Grandhotel, von den arabischen Bädern zum Almudaina-Palast, dem schönsten Bauwerk der Insel.

Die Kathedrale La Seu jedoch, gotisch bis in die höchste Turmspitze, entzieht sich durch abweisende Schilder gerne einer Besichtigung. Dafür stehen die anderen Gotteshäuser meistens durchgehend offen zur Beichte, falls man sich etwas hat zuschulden kommen lassen. Was in einer Großstadt schon mal geschehen kann. Dennoch ist für eine so bunte, bewegte Stadt die

Kriminalitätsrate immer noch erstaunlich niedrig. Gewaltverbrechen sind nach wie vor eine Seltenheit. Trotzdem ist die Polizeipräsenz im Sommer während der Touristensaison imponierend. So werden im Juli und August junge aufstrebende Polizeibeamte vom spanischen Festland importiert. Die bedauernswerten Jungs sind meist des Mallorquí nicht mächtig, dafür aber geübt im Ausspähen dunkler Gestalten, von denen es auf Mallorca eine ganze Menge gibt.

Palma ist eine Hafenstadt, und so fehlt auch nicht die dazugehörige Szene. Die Damen und Herren bleiben im Barrio Chino größtenteils unter sich und beschränken ihre Geschäftstätigkeit auf wenige Straßenzüge. In den letzten Jahren findet man auf dem Strich viele schwarzafrikanische Frauen, die zur Prostitution gezwungen werden. Und die Zeitungen der Insel sind voll von Anzeigen junger Osteuropäerinnen, die ihre Dienste anbieten, und das möglicherweise nicht ganz freiwillig.

Eine wahre Plage sind die Nelkenfrauen, die sich gerne an den Portemonnaies leichtsinniger Touristen vergreifen, und die in konzertierter Aktion operierenden Banden aus Rumänien und Albanien, die es auch aufs Geld abgesehen haben und auf Trickdiebstähle spezialisiert sind. Sie vergnügen sich am liebsten auf den Parkplätzen der Großmärkte, beim unvermeidlichen Möbelhaus aus Schweden und in der Fußgängerzone, wo sie sich das Revier mit den Nelkenfrauen teilen. In S'arenal erleichtern vagabundierende Hütchenspieler naive All-inklusive-Touristen ums kärgliche Taschengeld. Die Zigeunerclans dagegen haben sich aufs Drogengeschäft spezialisiert. Wer ein Fan harter

Drogen ist, kann sich auf Mallorca mit allem versorgen, was teuer und giftig ist. Andernfalls hat der Palma-Besucher schnell heraus, welche auch bei Tage dunklen Straßenzüge besser zu meiden sind.

Leider hat Palma nur wenig Grünflächen, das wird aber durch die wunderbare Bucht mehr als wettgemacht. Immer mehr Cafés am Wasser locken zum Sitzenbleiben. Wem nach einem halben Tag Pflastertreten ernsthaft die Sohlen qualmen, dem kann nur empfohlen werden, eine Massageanstalt an den Avenidas aufzusuchen: Dort muß sich der notorisch Körperfeindliche noch nicht einmal massieren lassen – er kann für gerade mal 3 Euro einfach ein Bett mieten ... Mitten im Verkehrstrubel der Medina Mayurca kann er dann Siesta halten. Von gelegentlichem Kanonendonner sollte er sich nicht stören lassen. Es handelt sich dabei nur ganz selten um einen überraschenden Angriff von Piraten. Wahrscheinlicher ist, daß es Angestellte im öffentlichen Dienst sind, die zwar nicht mit Kanonen auf Spatzen schießen, dafür aber auf Stare. Saisonbedingt fallen die Zugvögel zu Millionen in der Stadt ein, und nur das Abfeuern von Kanonensalven verjagt die geflügelte Plage aus Palma.

La marcha – wie man in Palma die Nacht zum Tage macht

Wenn sich die Nacht über die Hauptstadt senkt und das Kalenderblatt Donnerstag, Freitag oder Samstag anzeigt, machen vergnügungssüchtige Insulaner sich zur *marcha* bereit. Dieser Marsch durch die Instanzen des Nachtlebens von Palma hat es in sich, denn er dauert lange. Sehr lange.

Natürlich wird auf dem mallorquinischen Lande ebenso gerne dem Vergnügen gefrönt, aber die Hochburg der Unterhaltungsindustrie befindet sich in der Inselhauptstadt. Deshalb melden ab neun Uhr abends die Einfallstraßen aus Manacor, Inca und Andratx meist zähflüssigen Verkehr. Wenn in den Städten und Dörfern also die Bürgersteige hochgeklappt werden, decken die Kellner in Palma die Restauranttische neu ein, das Servicepersonal wienert beflissen die Bartische, Reinigungskräfte polieren die Diskoböden auf Hochglanz, und die Türsteher werfen sich in ihre respekteinflößenden breitschultrigen Jacketts. Die Musiker stimmen ihre Instrumente, und auch die kleinen Gauner rund um den Paseo Marítimo und die Plaza Gomila machen sich zur Nachtschicht bereit; die *tiqueteros*, die mit ihren Angeboten die Passanten in teure Clubs locken möchten, schmieren ihre Kehlen, und die PR-Girls der Tabakindustrie ziehen sich die Lippen nach. Auch die meist blonden Damen des horizontalen Gewerbes tippeln jetzt aus ihren Apartments.

Legt der eine oder andere ruhebedürftige Urlauber nachts um elf die Fernbedienung weg, und klingt ihm das Blöken der Schafe wie die letzte Aufforderung zur Nachtruhe in den Ohren, so beenden zur selben Zeit aufgekratzte Großstädter eben erst ihr ausgiebiges Gelage in den Restaurants von Palma. Der nächste Schritt führt zur Flaniermeile am Hafen und in die Altstadt, wo es nichts Schöneres zu geben scheint, als sich in klaustrophobisch engen Kellerlokalen gegenseitig den Rauch ins Gesicht zu blasen und schreiend gegen die Dezibels aus den Lautsprechern anzukämpfen. Vor allem in den warmen Frühlings-, Sommer- und Herbstnächten beginnt jetzt das große Gedränge. Denn zu denen, die sich im Restaurant verköstigen ließen, stoßen die Kino-Besucher, und alle haben ein Ziel: in den Copa-Bars und Bodegas mit ein paar Gläsern Wein die Zeit zu überbrücken, ehe gegen ein Uhr morgens die Pforten der Diskotheken öffnen. Wer das volle Programm der *marcha* absolvieren will, geht erst ins Restaurant, danach in eine späte Kinovorstellung, zieht weiter in die Copa-Bar und danach in die Disko. Wer auf die schlanke Linie achtet, ersetzt das fünfgängige Menü durch den Besuch einer der vielen Tapa-Bars der Hauptstadt.

Eine Kleiderordnung gibt es nicht: vor allem die Männer kleiden sich eher leger, und auch die Damen unterliegen keinem Aufputzzwang, selbst wenn man das manchmal gar nicht glauben mag. Es gibt einige wenige Lokale, die Männer in Turnschuhen nicht akzeptieren. Und im unvermeidlichen Casino trägt man ganz altmodisch Krawatte.

So vielfältig wie die Insel, so vielfältig sind auch die Möglichkeiten, sich zu unterhalten. Von gediegener Show-off-Atmosphäre in teuren Nobelschuppen bis zu den ausgefallensten Liebespraktiken in dunklen Kaschemmen, von der Travestie-Show bis zum Karaoke – nichts wird man auf der Suche nach Zerstreuung missen müssen. Auch die *Gays & Lesbians* finden ihre Szene, und das *Consell Insular* hat dazu einen eigenen Reiseführer veröffentlicht.

Die großen Diskotheken von Ibiza unterhalten auf Mallorca Dependancen, die den Originalen in wenig nachstehen. In Magalluf – dem britischen Pendant zu S'arenal – befindet sich gar Europas größtes Tanzlokal, das BCM. Die Mutter aller Palma-Diskos, das Tito's, läßt immer noch den gläsernen Aufzug die Fassade hinauf- und hinunterfahren, mit Blick auf den Yachthafen. Hier sind auch Greise über vierzig noch gerne gesehen und können sich mit dem Jungvolk mischen. Das tun am Paseo oft auch Grüppchen älterer, recht bieder wirkender Damen, die wie beim Schaufensterbummel von einem Lokal zum nächsten ziehen, meist keinen Alkohol trinken und einfach das Verhalten angeheiterter Menschen studieren wollen. Wobei nicht alle einfach nur angeheitert sind, manche sind schlichtweg voll bis unter die Halskrause, und das mit den unterschiedlichsten Drogen. Denn wie in jeder Großstadt – und vor allem wie in jeder Hafenstadt – kann man in Palma alles erwerben, was teuer und giftig ist. Daß dennoch der Großteil der Menschen auf der *marcha* nicht mehr als einen kleinen Schwips hat, grenzt fast schon an ein Wunder. Ein erhöhtes Polizeiaufgebot ist übrigens meist nicht festzustellen – vermutlich flanieren die Damen und Herren der Ordnungsmacht gerne unauffällig in Zivil.

Die Copa-Bars sind das Beste an Palmas Nachtleben. Gerade die kleinen Lokale am Paseo Marítimo bieten neben einer Vielfalt verführerischer Getränke wie Cuba libre, Daiquiris und Whisky auch Musik der unterschiedlichsten Stilrichtungen, und in vielen der Copa-Bars wird nach Lust und Laune drauflosgetanzt. So verwandelt sich Palmas Prachtstraße am Meer an manchen Abenden in eine Open-air-Disko. Aus einem Lokal tönt Salsa, aus dem anderen Merengue, aus der dritten schallt Jazz, und in der nächstbesten Copa-Bar produzieren sich halbprofessionelle Tango-Begeisterte ungehemmt vor einem gutgelaunten Publikum. In einigen Kneipen gibt es umsonst Tanzunterricht für die *aficionados*, wie auf spanisch die Fans heißen. Diese Lokale nehmen übrigens keinen Eintritt – nur die Getränke müssen bezahlt werden.

Was das Alter angeht, ist das Publikum am Paseo Marítimo gemischter als jenes in der Lonja, dem Viertel rund um die alte Seefahrtsbörse, wo man sich durch kleine Gäßchen drängeln muß. Das sorgt für eine Geräuschkulisse, die die Anwohner verständlicherweise auf die Palme bringt, und vor viele Balkone der Häuser sind Laken mit der verzweifelten Aufschrift: *Volem dormir!* – Wir wollen schlafen! – gespannt.

Die Jüngeren bevorzugen die billigeren Lokale um die Plaza Gomila, wohin es weniger Touristen verschlägt. Um die Gomila ist das Publikum auch internationaler; viele Südamerikaner und Afrikaner machen dort die Nacht zum Tage.

Die Mallorquiner tanzen gerne und häufig. Die vielen Live-Musikkneipen, die Profis und auch den weniger begnadeten eine Plattform bieten, öffnen zwischen zehn und halb elf Uhr abends. Oft sind die Lokale so winzig, daß gerade mal die Musiker Platz haben. So etwa läuft die bekannte Bar Barcelona in der Lonja keine Gefahr, jemals leer zu wirken. Auch die Bodeguita del medio, die Nachahmung einer Havanna-Kneipe, die von Hemingway frequentiert wurde, existiert schon lange und ist immer noch einen Besuch wert.

Natürlich gibt es eigene Angebote für den deutschen Pauschaltouristen, der sich nicht bis nach Palma bewegen möchte: In S'arenal kann man sich wie auf dem Oktoberfest in München fühlen, sich in Kneipen mit Namen wie »Klaus und Helga« der deutschen Regionalfolklore und den dazugehörigen Wurstspezialitäten widmen, in den Kellerclubs der Playa de Palma zum Männerstrip kreischen oder sich selbst zur *Miss Nasses-T-Shirt* küren lassen. Diese Art von Vergnügungen haben mit der eigentlichen *marcha* allerdings nichts zu tun.

In Palma wird es zwischen vier und sechs Uhr morgens ruhiger. Dann tönen nur die Polizeisirenen leise durch die Nacht. Während draußen in der Provinz die Schafsglöckchen bimmeln, ganz, als wäre nichts geschehen. Ist ja auch so.

Der Stolz der Provinz

Wer denkt, nördlich und östlich von Palma gäbe es nichts als ein paar unbedeutende Dörfer, die dazu dienen, nahegelegene Strandparadiese mit den lebensnotwendigen Gütern und Hotelpersonal zu versorgen, der irrt. Die Provinz von Mallorca ist keineswegs langweilig, und ihre Bewohner fühlen sich den Städtern nicht unterlegen. Ganz im Gegenteil. Oft hört man in Inca, Manacor oder Pollença mitleidige Bemerkungen über die bedauernswerten Großstadtmenschen, die im Gestank des tosenden Verkehrs, in winzig kleinen Wohnungen und mit schwächelnden Familienbanden leben müssen. Noch dazu gibt es in Palma schrecklich viele Ausländer! Da geht es den Leuten vom Land, aus dem *part forana*, schon besser – hier ist die Welt noch in Ordnung.

Die beiden größten Städte außerhalb Palmas sind Inca und Manacor. Inca – der Name hat nichts mit etwaigen südamerikanischen Invasoren zu tun – verbindet schon seit langem ein Pendelzug mit der Inselmetropole. Eine Schlafstadt ist diese auf den ersten Blick unattraktive Häuseransammlung trotz des Pendlerverkehrs nicht. Inca ist Sitz der Lederindustrie und damit ein begehrtes Ausflugs- und Einkaufsziel für Bustouristen.

Mit anderen Städten und Dörfern auf der Insel hat Inca gemein, daß sich seine Schönheit dem Besucher erst langsam erschließt – wenn man nämlich die häßliche Hauptstraße verläßt und, von Palma kommend, Richtung Bergmassiv ins Zentrum abbiegt. Dann findet man sich plötzlich in einer hübschen Altstadt voller netter, kleiner Geschäfte und einladender Cafés.

Genauso verhält es sich mit Manacor. Um den versteckten Charme dieser Provinzstadt zu entdecken, empfiehlt es sich, den Wagen stehenzulassen und zu Fuß ins Allerheiligste vorzudringen. Manacor ist die Möbelstadt. Jeder, der für eine neue Küche in Palmas schicken Läden kein ganzes Jahresgehalt lassen möchte, geht in Manacor auf die Pirsch. Mit ein wenig Glück findet er bei dieser Gelegenheit die Altstadt. Dieser größte Ort des Inselostens beherbergt auch die Majorica-Perlenindustrie. Die geisterte letzthin durch die Zeitungen, weil sie unerwartet eine fulminante Pleite hinlegte, was nichts mit schwindendem Umsatz, dafür aber mit herbem Mißmanagement zu tun hatte.

Palma, Inca, Manacor: Jede dieser drei Städte ist Bezugspunkt für die Dörfer ihrer Umgebung. Bedient Palma aufgrund seiner geographischen Lage den gesamten Westzipfel des Eilands bis Andratx, Valldemossa, Deià und Sóller, so erfüllt Inca diese Aufgabe für die Orte am Fuße der Sierra Tramuntana wie Alaro, Binissalem, Consell, Santa Maria bis hinauf nach Pollença und Alcúdia. Manacor dagegen ist das Einkaufsmekka für Artà, Santanyí, Capdepera und Felanitx.

Bleibt noch Sa Pobla. In diesem Ort, der sich in der Ebene – dem Plá – niedergelassen hat, muß sich der Schöngeist schon sehr anstrengen, etwas Charme zu entdecken. Sa Pobla ist eine Traktorstadt. Es liegt inmitten von Feldern, die meist in Monokultur nach europäischem Standard bepflanzt, abgeerntet und mit Chemie verseucht werden und über denen ein Geruchsensemble aus Gülle und Maschinenöl weht. Morgens zwischen sieben und acht kann man an einigen Ausfallstraßen Szenen erleben, die die Polizei offenbar nicht wahrhaben will: Illegale Einwanderer aus dem Maghreb oder Schwarzafrika, vor allem aus Ghana, darunter Ärzte und Ingenieure, bieten ihre Dienste zu einem Preis feil, der weit unter den gesetzlichen Mindestlöhnen liegt. Häufig sind es dicke Wagen mit einem Residenten am Steuer, die langsam an diesen Sklaven der Neuzeit vorbeikutschieren und sich ein bis zwei Tagelöhner für Arbeiten auf der Finca auf den Rücksitz packen. Dabei sind gerade die jungen Männer aus dem Maghreb meist hochqualifizierte Handwerker. Traditionell gut sind die Marokkaner im Bau der berühmten mallorquinischen Trockenmauern, denn schon ihre arabischen Vorfahren übten sich in dieser Kunst. Auch in Stucco-Techniken und falschen Marmoreffekten sind die Marokkaner wahre Künstler.

Zum Jahrtausendwechsel gab es eine Art Generalamnestie für Illegale, und viele der Wohlstandssuchenden haben diese Gelegenheit wahrgenommen, an die richtigen Papiere zu kommen. Wenn auch kritische Stimmen meinen, dieser großherzige Akt sei eine gar nicht so verschleierte Kontrollmaßnahme gewesen, da im Anschluß viele »Illegale« des Landes verwiesen wurden. Nichtsdestoweniger durchqueren immer noch jährlich mehrere tausend Flüchtlinge aus Nordafrika unter höchstem Risiko für Leib und Leben die Straße von Gibraltar und reisen schwarz ins Land ein. Im allgemeinen drückt die balearische Exekutive beide Augen zu – denn die Realität ist, daß die mallorquinische Wirtschaft ohne diese Immigranten ähnlich dumm aus der Wäsche schauen würde wie Deutschland in den sechziger Jahren, woraufhin zum Glück die Spanier zu Hilfe kamen. Ohne die Brigaden der Akkordarbeiter aus dem Maghreb wären viele der Trockensteinmauern, die mallorquinische Mandel- und Olivenbaumfelder umgrenzen, längst eingestürzt.

Schöne Provinzstädte sind auch Pollença, Alcúdia und Artà. Pollença wird oft als die »heimliche Hauptstadt« Mallorcas bezeichnet. Warum das so ist, bleibt etwas unklar. Möglicherweise hat es mit den zahllosen Kunstgalerien in Pollença zu tun, mit dem dort ansässigen Landadel oder dem Castillo del Rey, einem echten Königsschloß, von dem leider nur noch die Überreste zu besichtigen sind, und das nur samstags. Rätselhafterweise hieß Alcúdia, das nur fünfzehn Autominuten von Pollença entfernt ist, bei den Römern Pollentia. Und Artà, ganz im Nordosten, ist in letzter Zeit vor allem durch den Zuzug eines deutschen Tennisstars ins Gespräch gekommen. Boris weiß schon, wo es schön ist, und um Artà herum gibt es einige attraktive Golfplätze.

Was die Landstädte besonders liebenswert macht, sind ihre Märkte. An jedem Tag der Woche wird ein Ort von den Gemüsebauern des Plá beliefert. Ein sozialer Treffpunkt ist der Sonntagsmarkt in Pollença, und der große Tiermarkt in Sineu ist bei Touristen und Einheimischen sehr beliebt, auch wenn erstere sich tierschützend entrüsten und ihren Kindern die Hände vor die Augen halten. Die Bauern verkaufen dennoch ungerührt ihre Kaninchen nicht nur zum Kuscheln, sondern auch an die interessierte Gastronomie.

Auch Mallorca ist von der europäischen Seuche des Bauernsterbens nicht verschont geblieben. Nennenswerte Landwirtschaft wird mittlerweile ausschließlich von Großbauern betrieben, mit allen Nachteilen, die das mit sich bringt. So sind viele Insulaner nur noch Nebenerwerbsbauern und arbeiten hauptberuflich als Handwerker oder Beamte.

Um die kleine Scholle zu erhalten, werden viele Opfer gebracht. Es ist typisch mallorquin, die kleine Wochenend-Finca zu beackern. Auch viele Bewohner Palmas besitzen irgendwo im Plá oder im Norden ihr kleines Stück Land, auf das sie am Samstagmorgen hinausfahren. Oft steht auf diesen Grundstücken kein Haus, vielleicht gerade einmal ein Geräteschuppen, eine Hundehütte und ein Ställchen für die Hühner, Kaninchen und Enten. Diese Äcker und ihr liebes Vieh bewahren viele Palmesaner vor dem Rentenschock. Die Obstbäumchen werden beschnitten, das schwarze Schwein gemästet, die Eier der freilaufenden Hühner eingesammelt ... die *finquita* ist dem Insulaner ebenso heilig wie manchem Deutschen sein Schrebergarten. Sollte die Scholle aber ein wenig größer ausgefallen sein, kann es leicht passieren, daß aus der *casita de aperos,* dem Scheunchen, ein gutverkäufliches *casa de campo*, ein Landhaus, wird.

Die meisten der Nebenerwerbsbauern haben ein solides Naturverständnis und bauen selbstverständlich »bio« an, ohne jeglichen ideologischen Überbau. Eine alte Frau sagte mir einmal, daß sie auf keinen Fall ihre fünf Weinreben spritzen könne – weil doch dann die Vögel sterben würden, die die Trauben essen! Und nach dem Mondkalender zu pflanzen, zu säen und zu ernten gehört einfach dazu, und das seit vielen hundert Jahren.

In den Zeitungen hat das Geschehen im *part forana*, der Provinz, viel Gewicht. Die Nachrichten aus dem Hinterland füllen Tag für Tag mindestens sechs bis acht Seiten, und über jedes Detail der Lokalpolitik, jede Bürgerinitiative, jedes Sportfest, wird ausführlich berichtet. Die Zeiten, in denen die Dörfer außerhalb Palmas *incomunicado* waren, sind längst vorbei. An diese finsteren Tage erinnern nur noch Ortsnamen wie *Capdella*, was etwa soviel bedeutet wie »Jott-we-de«. Das Dorf Estellencs zum Beispiel war so sehr von Palma abgeschnitten, daß es einen eigenen Laufweg gab, den man heute noch im Angedenken behält: Wurde jemand aus Estellencs krank, wurde der Läufer nach Palma geschickt, um innerhalb von zwölf Stunden die Medizin zu Fuß heranzuschaffen. Relikte aus dieser Zeit soll es hinter den sieben Bergen der Sierra Tramuntana noch immer geben – alte Leute, die nie das Meer gesehen haben. Und es geht das Gerücht über die unschuldige Naivität eines alten Bauern, der einen Fremden mit der Frage überrascht haben soll: Und die Welt draußen, ist die wirklich größer als Mallorca?

Durch die isolierte Lage der einzelnen Orte kristallisierten sich lokale Eigenheiten heraus, die bis auf den heutigen Tag überlebt haben. So kommt es, daß sich die Sprache von Dorf zu Dorf so stark unterscheidet, daß Kundige des Mallorquinischen sofort erkennen können, woher der Sprecher stammt. Das *Mallorquí* des

Pollençiners ist schon ganz anders als das Mallorquin aus Sa Pobla oder Felanitx! Ganz anders als im riesigen Australien, wo zwischen Sydney und Melbourne ein Einheitsdialekt herrscht.

Die Zugehörigkeit zum Dorf gilt mehr als die Zugehörigkeit zur Insel. Es gibt soziale Regeln innerhalb der Dörfer, die für Außenstehende undurchschaubar bleiben – und es wohl auch bleiben sollen. Dafür gibt es die Dorffeste, die die Bewohner noch enger aneinander schweißen. Und dazu gibt es jede Menge Gelegenheit ...

Weihnachten im Doppelpack

Feste feiern kann der Mallorquiner. Und das fast ohne Unterlaß. Kaum ist ein Feiertag vorüber, dräut eine Hochzeit, ein Betriebsfest, eine Taufe, das Feiern des Dorfheiligen, das Schauspiel von den *moros und christians*, Sant Antoni oder die Heiligen Drei Könige. Kein Monat vergeht ohne einen festlichen Anlaß, zu dem man sich fein anziehen darf, sich verkleidet, tanzt, schmaust, trinkt – und sich vor allem eins fühlt mit der Familie, dem Dorf, der ganzen Insel.

So zum Beispiel die *firas* am Ende des Sommers. Schlauerweise finden sie dann statt, wenn die meisten Touristen die Insel verlassen haben. Die *firas* sind eine Mischung aus Volksfest und Agrarausstellung. Auf den Plazas der Provinzstädte spielen Bands, alle Haustüren stehen offen, an jeder Ecke locken Stände mit appetitlichen Reizen, der schwere Geruch schmalzgebackener *bunyols* wabert durch die Gassen. Preisgekrönte Tiere werden den Festbesuchern vorgeführt, Traktorenhändler stellen ihre neuesten Modelle aus, Kinder vergnügen sich auf einem altmodischen Karussell oder einem abgetakelten Autoscooter, und nach Einbruch der Dunkelheit knallt das obligate Feuerwerk in den Himmel.

Zwei, drei Tage dauern diese *firas*, noch länger ziehen sich die meist feuchtfröhlichen Festlichkeiten im

Namen des Dorfpatrons hin, manchmal dauern kollektives Feiern und kollektiver Kater eine ganze Woche. Da jedes Dorf, jeder Ort, jedes Städtchen seinen eigenen Dorfheiligen hat, kann man das ganze Jahr über nahtlos um die Insel herumfeiern. Die *fiestas de la patrona* kosten die Gemeinden eine gute Stange Geld. Unterstützt werden sie von Firmen, Bars und Restaurants, die als Sponsoren auftreten, um in den Programmheften erwähnt zu werden.

Zaungäste sind bei allen Feierlichkeiten herzlich willkommen – aber richtig gut amüsieren kann man sich als Ausländer auf den mallorquinischen Festen nur, wenn man entweder die Sprache spricht oder sich mit einem Schutzwall anderer *guiris*, wie die Fremden wenig schmeichelhaft genannt werden, umgibt. Verzweifelte Bemühungen um Integration ändern nichts an der etwas xenophoben Festroutine, wie das Beispiel eines deutschen Freundes beweist: Der spielte fünfundzwanzig Jahre lang Querflöte in der Banda eines Städtchens im Norden und ließ dann genervt alle Hoffnung auf psychische Eingemeindung fahren – die anderen Mitglieder der Banda nannten ihn immer noch den Ausländer.

Am höchsten her geht es bei den Patronatsfesten am Tag vor dem Namenstag des Heiligen, bei der *verbena*. Meist verscheucht eine lautstarke, nicht rentnerkompatible Band die ältere Generation und fegt die Plaza Mayor von allem leer, das sich nicht bis zur Übelkeit betrinken möchte. Die Spielverderber kommen am nächsten Morgen, um die Schnapsleichen vom Straßenrand aufzulesen, mit Wasserschläuchen die übelriechenden Reste unverdauten Schmalzgebäcks in Bierschaum wegzuspülen und die Patrona um seelischen Beistand zu bitten.

Eines der größten Inselfeste ist das *simulacre de moros i christians* in Pollença. Am 2. August spielen die Männer – ausschließlich gebürtige Pollençiner – jene verhängnisvolle Nacht aus dem Jahre 1550 nach, in der die Christen die bösen arabischen Piraten, also die *moros*, aus der Stadt hinausprügelten. Und weil das Ganze in der Dunkelheit geschah, tragen die »Guten« weiße Nachthemden, und die schlimmen *moros* sind natürlich in dunkle Fetzen gekleidet und haben die Gesichter braun geschminkt. Beide Parteien aber, von dem berüchtigten Palo-Schnaps in Kampffieber versetzt, brüllen gar schröckelich und schlagen kathartisch und ohne Rücksicht auf Verluste mit Holzstöcken aufeinander ein. Zuschauer, die sich in den engen Straßen von Pollença mit schreckgeweiteten Augen an die ehrwürdigen Steinmauern drücken, sollten nach dem nächsten offenstehenden Tor Ausschau halten. Manchmal wartet dort schon eine freundliche pollençinische Seniorin und kredenzt beruhigenden Kaffee.

Am nächsten Morgen folgt das oben beschriebene Procedere.

Natürlich geht es nicht auf jedem Fest so laut, brutal und unappetitlich zu. Viele Feierlichkeiten verlaufen durchaus manierlich. Aber auch da trügt manches Mal der Schein. Das Weinfest von Binissalem fängt recht harmlos an: Mehr als zehntausend Leute tummeln sich auf der Straße und essen an langen Tischen, was die Dorfköche zu bieten haben. Anschließend bewerfen sie einander mit neun Tonnen Trauben, bis ihnen der Rebensaft aus jedem Hosentaschenwinkel quillt.

Auch das berüchtigte Entenwerfen von Ca'n Picafort – die *suelta de patos* – ist nur eingeschränkt zu empfehlen. Zweitausend Menschen beteiligen sich an der seltsamen Sitte, dreihundert Enten aus fünf Booten ins Meer zu werfen, wo die armen Viecher von Schwimmern eingefangen werden, um am Ende doch wieder freigelassen zu werden. Trotz lahmer Proteste des Tierschutzvereins und kleiner Bußgelder wegen Tierquälerei wird der Brauch weiterhin gepflegt, mit dem Argument, die Tiere würden es mögen, denn sie hätten sich noch nie beschwert.

Der Insulaner läßt sich immer Neues für seine Feste einfallen. Verschiedentlich wird auf Bäume geklettert, auf Nüssen gerutscht, Preise auf Riesenkürbisse, die beste Paella und die größte Tortilla ausgelobt.

Natürlich gibt es auch die Schlachtfeste – immer dann, wenn die schwarzen Schweine Mallorcas, deren Fleisch angeblich besonders wohlschmeckend ist, da sie sich von Wildkräutern ernähren, ihr Leben aushauchen müssen. Wobei der Ausdruck »hauchen« dem wüsten Gekreische nicht ganz angemessen ist, das durchs ganze Tal bis in Mark und Bein jedes eingefleischten Vegetariers dringt. Zur *matanza* jedenfalls wird außer der gesamten Familie und Bekanntschaft auch gerne der ausländische Nachbar eingeladen, da der Mallorquiner mittlerweile davon ausgeht, daß die zartbesaiteten *guiris* effektvoll in Ohnmacht fallen. Wer das nicht tut und fröhlich mit im Blut watet, wird mit einigen Armvoll frischer Butifarron-Würste belohnt. Ja, wem's denn schmeckt ...

Da der Mallorquiner ein ausgesprochener Familienmensch ist, feiert er bei jedem Anlaß Familienfeste, und immer sind sie aufwendig. So arten Hochzeiten manchmal in Massenveranstaltungen mit bis zu fünfhundert Gästen aus, je nach Finanzstärke der bedauernswerten Familienoberhäupter. Nach der feierlichen katholischen Kirchenzeremonie wird zum drei- bis vierstündigen Gelage gerufen. Ohne diesen kulinarischen Exzeß kommt keine anständige Hochzeitsfeier aus. Sieben Gänge sind das Mindeste, und manche Brautjungfer hat sich dafür verflucht, ein zu enges Seidenkleid zu tragen. Handelt es sich nicht um eine Nothochzeit – das ist ja glücklicherweise selten geworden –, hatten die Schwiegermütter monatelang Zeit, die Details des Ereignisses minutiös auszuarbeiten. Von großer Bedeutung ist die Sitzordnung: Die Entscheidung darüber, wer warum wo oder neben wem sitzt, hat manchmal schon zur Entzweiung der zukünftigen Familien geführt. Dabei ist man um Harmonie durchaus bemüht. Mit der *lista de bodas* zum Beispiel. Damit das glückliche Paar nicht mit fünf Mixern und sieben Salatschüsseln endet, liegen in bestimmten Geschäften in Palma die Geschenklisten der Brautleute aus. Seit einigen Jahren bürgert sich die völlig unromantische Unsitte ein, auf die Hochzeitseinladung unter die Namen gleich die Kontonummer zu setzen, mit der Bitte, das Geld für die Geschenke formlos auf eben jenes zu überweisen. Gut möglich, daß das Geld dann statt für die bleibende Ausstattung für eine vergängliche Luxusreise dran glauben muß.

Musik spielt bei allen Festen eine große Rolle. Bei einem der wichtigsten Feste der Insel, am 19. Januar, das dem heiligen Antonius gewidmet ist, spielen allein in Palma auf neunzehn Plätzen in der Altstadt die verschiedensten Musikgruppen traditionelle Musik, Rock und Jazz. Überall brennen Scheiterhaufen, die aber in diesem Falle nicht an die Inquisition erinnern sollen. Statt dessen wickeln die Feiernden Fleisch aus der Alufolie und legen es auf einen Grill, und Palmas Innenstadt verwandelt sich in einen riesigen Campingplatz. Menschen in klassischen Gewändern tanzen Bolero oder Flamenco. In einem guten Jahr singt zu Sant Antoni der mallorquinische Liedermacher Tomeu Penya. Sant Antoni wird übrigens auf diese feurige Art auch in vielen anderen Orten der Insel zelebriert. In Sa Pobla feiern oft mehr als 10000 Menschen

Und dann ist da Weihnachten – seit fast einem Jahrzehnt in doppelter Ausführung. Was dem schlechten Einfluß der deutschen Touristen und den Hollywood-Filmen zu verdanken ist. Denn wie sollen die armen Kinder die zwei Wochen zwischen dem 25. Dezember und dem 6. Januar unbeschenkt überstehen? Traditionell brachten nämlich die *reyes* – die Heiligen Drei Könige – am 6. die Geschenke, was, wenn man es sich recht überlegt, wirklich viel mehr Sinn macht. Wo sollte das Jesuskind das Geld für die teuren Gaben hernehmen? Mittlerweile herrscht etwas Verwirrung darüber, ob es nun ein Christkind gibt, wie die Österreicher und Bayern beharrlich behaupten, oder ob der Weihnachtsmann seine Geschenke in Wollsocken stopft.

Jedenfalls wird auch zu Weihnachten – also am 25. Dezember, dem kirchlichen Christfest – ausgiebig geschmaust. Und am 6. Januar kommen die Heiligen Drei Könige übers Meer gesegelt. In ihren orientalischen Phantasieuniformen entsteigen sie in verschiedenen Küstenorten einem kleinen Boot und verteilen

Bonbons an die jubelnden Kinder. In Puerto Pollença setzen sie ihre Reise dann hoch zu Roß fort.

Mittlerweile gibt es in den Supermärkten sogar Schokoladenweihnachtsmänner, und da und dort werden Christbäume gesichtet. Nur mit dem dazugehörigen Schnee hapert es meistens.

In der Silvesternacht empfiehlt es sich, nach Palma zu fahren und dort zu bleiben, bis es wieder hell wird. Um Mitternacht versammelt sich auf der Plaza Cort eine große Menschenmenge, die mit Papiertütchen bewaffnet ist. Darin befinden sich zwölf Weintrauben. Um Mitternacht stopft man sich bei jedem Glockenschlag je eine *uva de la suerte* zwischen die Zähne und freut sich, wenn man im neuen Jahr noch Luft kriegt. Ob es Unglück bringt, wenn man nicht schnell genug kaut, ist nicht überliefert.

Mallorca feiert allerdings nicht nur fröhliche Feste. Ostern muß ohne Eiersuche und Osterhasen auskommen. Für Nicht-Hardcore-Katholiken sind die Karfreitagsprozessionen schwer zu verdauende Folklore. Die Männer der verschiedenen Bruderschaften, der *cofradias*, die hinter dem Kreuz hergehen, tragen Ku-Klux-Klan-artige Kapuzen über den Köpfen, Ketten klirren, und der eine oder andere tut, als würde er sich geißeln. Bis vor wenigen Jahren noch war es Frauen untersagt, in der Prozession mitzugehen. Man muß schon fest im Glauben verwurzelt sein, um aus diesem Brauch Trost und Freude zu gewinnen. Schließlich wird der ganze schmerzvolle Kreuzweg Jesu nach Golgatha nachgespielt.

Indes ist die Karfreitagsprozession das einzige Fest, das nicht mit überschäumender Fröhlichkeit Hand in

Hand geht. Wer nicht will, muß ja nicht hingucken. Es gibt garantiert gleich übermorgen irgendwo auf der Insel eine neue, fröhlichere Fiesta.

Die Zeit dazwischen kann man getrost zum *puente* erklären. Dies ist der Brückentag zwischen zwei Festlichkeiten, an dem es sich gar nicht erst lohnt, zur Arbeit zu gehen. *Hacer puente* ist eine beliebte Sportart. Allerdings nicht nur auf Mallorca, sondern in ganz Spanien.

Ein Mallorquiner kommt selten allein

Daß es den Mallorquiner an sich nicht gibt, ist natürlich eine Binsenweisheit. Wer außer den Reiseunternehmen will schon pauschalisieren? Eine weitere Binsenweisheit ist dennoch, daß jedes Volk gewisse Eigenschaften hat, die es von den Bewohnern anderer Landstriche unterscheidet. Ob das genetische, soziale, geographische oder demographische Gründe hat, darum soll sich die Wissenschaft kümmern. Machen wir uns also ungehemmt ans Generalisieren. Bis vor wenigen Jahren waren die Urmallorquiner an ihrer kleinen, kompakten Gestalt zu erkennen und somit leicht von den hochgewachsenen Invasoren zu unterscheiden. Die Jungen allerdings schießen durch eine ausgewogenere Ernährung und Völkervermischung übers Maß ihrer Erbmasse hinaus und wachsen nach oben wie die Nordlichter. Glücklicherweise hält sich im Hügelland und in der Sierra de Tramuntana jener knuffige Menschenschlag, der ein verschmitztes Gesicht und etwas angenehm Heinzelmännchenartiges hat. Leider hält er es, anders als seine rotmützigen Gefährten, nicht immer mit der Pünktlich- und Verläßlichkeit. Das weibliche Pendant kocht gerne, schwatzt am Dorfwaschplatz wie eh und je und fegt gutbeschürzt den Staub vor der Haustüre.

Grundsätzlich gilt, daß Mallorquiner gerne in Clustern auftreten. Was in der Übersetzung aus dem Wissenschaftsjargon bedeutet: Ein Mallorquiner kommt selten allein. Er bewegt sich im Kreise der Familie, denn die steht für ihn an erster Stelle. Kinder haben Narrenfreiheit, und daß die *nins* nicht bitte oder danke sagen, liegt an den Eltern, die das gar nicht erst erwarten. Dem Nachwuchs wird im Rahmen der Möglichkeiten bedingungslos jede Unterstützung zuteil, und mit ebenso großer Selbstverständlichkeit nehmen die Kleinen und Größeren die Aufopferung ihrer Eltern hin. Nun sollte man meinen, daß unter solchen Umständen ein Heer junger Egoisten herangezogen würde. Kaum aber haben die Undankbaren ihre kleinen Erben in die Inselwelt gesetzt, perpetuiert sich dieses Verhalten der bedingungslosen Hingabe an die nächste Generation, und so sind alle zufrieden. Was passiert, wenn sich keine Nachkommen einstellen, ist eine Frage für den Analytiker. Der Mallorquiner pflanzt sich mit zunehmendem Wohlstand leider seltener fort.

Die Kinderliebe zeigt sich überall. Ängstliche Urlaubereltern sind positiv überrascht, wenn die vor Müdigkeit quengelnde und kreischende Brut im Restaurant keinen Unwillen auslöst; ganz im Gegenteil – es kann schon vorkommen, daß das Personal sich um den kleinen Quälgeist schart, ihn tröstend von hier nach dort schleppt und darüber die anderen Gäste vernachlässigt. Wenn die Gäste Mallorquiner sind, haben sie dafür vollstes Verständnis. An den Kassen der Supermärkte wird man übrigens selten Zeuge von unliebsamen Wutanfällen, bei denen mit Schaum vorm Schokoladenmund um sich gebissen und auf dem Boden gewälzt wird, wie sie mitteleuropäische Minimonster mit Begeisterung hinterm vollgepackten Einkaufswagen hinlegen. Das mallorquinische Supermarktmanagement plaziert einfach keine verführerischen Schleckereien an diesen sensiblen Standort. Dafür gibt es in den großen Supermärkten ganze Reihen voll wirklich notwendigen Kinderbedarfs: Vom Kinderwagen über Hausschühchen bis zum Schnuller wird alles neben Obst und Gemüse angeboten – ein Signal dafür, daß Kinder genauso zum Leben gehören wie das tägliche Brot.

Während im Norden Europas unwillige Familienmitglieder viel Energie darauf verwenden, sich von den Fesseln der Eltern und Geschwister zu lösen, denkt der Jung-Mallorquiner gar nicht daran, wertvolle Zeit auf lächerliche Überlegungen wie individuelles Glück, freie Sonntage oder Urlaub von der Familie zu verschwenden. Familienbande werden nicht hinterfragt, sie sind eine Selbstverständlichkeit. Und immerhin garantieren sie ein warmes, weiches Nest, in das man sich von den Unbilden der bösen Welt zurückziehen kann. Außerdem ist die Familie die einzige garantiert touristenfreie Zone auf dem ganzen Archipel.

Der Familiensinn befähigt den Insulaner zu erstaunlichen Gedächtnisleistungen: Er kennt seinen weitverzweigten Stammbaum auswendig und weiß genau, wie er mit jenem Cousin dritten Grades verwandt ist und wen jener Großonkel geheiratet hat. *Ana? Ach, die ist die Mutter von Joana, die ist doch die Schwester von Xavier, der wiederum der Cousin von ...*

Wem neben dem Hobby Familie und dem Beruf

noch Zeit bleibt, der verbringt diese im Kreise der Kollegen, mit den Kumpels vom Sportverein in der nächstgelegenen Bar, mit den Freundinnen beim Shopping, der geht ins Kino, lernt die gerade sehr in Mode kommenden traditionellen mallorquinischen Volkstänze oder organisiert ein Straßenfest, denn auch die Bewohner derselben Straße eignen sich gut zum Clustern.

Leider schleichen sich, wie überall in der westlichen Welt, auch auf Mallorca kleine Unsitten in die Idylle der heilen Familienwelt: Durch die Wohnraumnot speziell in Palma finden sich immer mehr verwirrte Großeltern in einer Seniorenresidenz wieder, statt wie früher einen wichtigen Beitrag zur Aufzucht der Enkel zu leisten. Im internationalen Vergleich ist ihr Einsatz in der Kindererziehung dennoch sehr groß, denn die jungen Frauen haben sich längst emanzipiert und gehen Berufen nicht nur zum Broterwerb, sondern auch aus Freude nach.

Wer das Telefonbuch von Palma oder die Aufschriften auf den Gräbern studiert, wird feststellen, daß die Zahl der Familiennamen auf Mallorca limitiert ist. Allein in der Hauptstadt findet sich über sechshundertmal der Name Amengual, immerhin fünfhundertfünfzig Anschlußinhaber teilen sich den Nachnamen Mas, und etwa zweihundert Familien heißen Fuster. Eigentlich ist jeder mit jedem verwandt; seltsamerweise ist es bisher nicht zu einer alarmierenden Zunahme inzuchtbedingter Erbkrankheiten gekommen. Das liegt vermutlich an der Größe der Insel und an der unverzagten Infiltration von Fest- und Auslandsgenen. Daß die Geburtenrate insgesamt sinkt, bereitet den zuständigen

Bevölkerungspolitikern schlaflose Nächte. Wenn dies so weitergeht, ist es mit der Familienidylle in wenigen Jahrzehnten aus, und mit den Insulanern sowieso.

Wenden wir uns nun der Mallorquinerin zu. Die gibt es in zwei Ausführungen: »*Frau*« (senyora) oder »junge Frau« (senyoreta). Die durchschnittliche Palmesanerin unter vierzig lassen wir dabei außer acht, da sie sich nicht darum schert, wie eine Mallorquinerin zu sein hat. Statt dessen studiert sie munter vor sich hin, macht Geschäfte oder eröffnet eins, seziert Computer, treibt sich in Diskos herum und ist europäisch bis zum Zehennagel. Das etwas gesetztere Modell der *senyora* aus Palma ist teuer und konservativ gekleidet, hat sich mit den Freundinnen auf eine einheitliche Betondauerwelle geeinigt und besucht nach dem gemeinsamen Kaffeetrinken Wohltätigkeitsveranstaltungen und Konzerte.

Nur die älteren Damensemester auf dem Lande wissen noch, was sich für eine *doña* gehört. Das Geld liegt in weiblichen Händen, und von dort findet es nicht so leicht wieder heraus. Schuld daran hat das Erbrecht, denn anders als auf dem spießigen Festland war die Mallorquinerin schon immer erbberechtigt. Auch die *separación de bienes* – die Gütertrennung – war auf Mallorca stets üblich. Natürlich hat der Homo mallorquinus *(m.)* versucht, den nutzlosen Mädels das minderwertigste Stück Land zuzuschanzen, hat sich dabei aber im Rahmen einer klassischen männlichen Fehlleistung furchtbar vertan: Wertlose Ufergrundstücke, auf deren versalzenen Böden kein Hälmchen sproß, fielen an die Frauen und Mädchen. Als dann der Tourismus Mallorca überrollte, schossen die Preise für die »Strand-

Bestlage« in die Höhe, und die Frauen lachten sich ins wohlgefüllte Fäustchen. Ob das der Grund ist, daß viele Männer der älteren Generation einen verkniffenen Zug um den Mund haben?

Natürlich wurde nicht jede Mallorquinerin reich; die weniger Glücklichen ordneten sich brav der Familie unter und lebten das orientalische Modell: Sie produzierten Nachwuchs, schufteten fleißig im Haus und zeigten sich so wenig wie möglich in der Öffentlichkeit. Überbleibsel finden sich heute noch an heißen Sommerabenden in den Dörfern: Da hocken die alten Frauen auf ihren Stühlen am Straßenrand und beobachten nicht etwa den Verkehr, nein, sie blicken auf die Haustür – denn dahinter verbirgt sich ihr Territorium, in dem sie das Sagen haben. Nichtsdestoweniger entwickelte die Mallorquinerin ein starkes Selbstwertgefühl und definierte sich über ihre familientragende Rolle.

Gehen die Männer auf den Dörfern selbstverständlich in die Bar, so sieht man auch heute noch wenig ältere Frauen in diesen Lasterhöhlen. Sie treffen sich, wie zum Beispiel in Estellencs, lieber im *café de ses dones* – auf dem hübsch restaurierten Waschplatz. Und auch wenn jede Frau mittlerweile eine Waschmaschine zu Hause hat, so wird doch ein-, zweimal die Woche die schmutzige Wäsche auf die traditionelle Art auf dem Waschplatz zusammen mit den letzten Gerüchten durchgewalkt. Hat tatsächlich der bucklige Juan, der es sowieso nicht mehr lange machen wird, den *gordo* gewonnen? Einmal den Millionengewinn in der Lotterie abzusahnen, das ist ein Traum vieler Mallorquiner. Unverzagt erstehen sie von den fast siebenhundert blinden oder sehbehinderten Verkäufern der staatlichen Blindenlotterie ONCE täglich ein neues Los und hoffen darauf, daß das Schicksal es gut mit ihnen meint. Losgemeinschaften innerhalb der Nachbarschaft, im Sportverein und unter Betriebskollegen sind weitverbreitet. Und große Firmen beglücken ihre gesamte Belegschaft mit Los-Serien von Zehntelscheinen, den *decimos,* für die Sonderziehung der Weihnachtslotterie. Deren Gewinnummern werden von Kindern – früher waren es Waisenkinder – in Engelsstimmen am 22. Dezember live im Fernsehen gekräht. Das Programm ist ein wahrer Straßenfeger.

Der Mallorquiner ist nicht nur auf Glücksspiele, Fußball und Familie versessen, er liebt auch seine Insel, und das ganz ohne schlechtes Gewissen. Mallorquiner zu sein bedeutet, patriotisch zu sein. Die Heimatliebe erstreckt sich natürlich nicht auf ganz Spanien, sondern ausschließlich auf den hübschen Flecken mitten im Meer: das Zentrum der Welt. Von Mallorca aus gesehen, ist alles andere Peripherie. Daß die Mallorquiner gerne in diese Randgebiete reisen, widerspricht ihrer Inselliebe nicht. Während der Deutsche dazu tendiert, das Ausland besser zu finden als seine Heimat, sucht der Mallorquiner in fernen Ländern die Bestätigung, daß es nirgendwo so schön ist wie auf Mallorca. Nicht im Traum denkt er daran, sich im Ausland niederzulassen. Wenn es doch einmal passiert, dann nur vorübergehend, vielleicht für ein paar wilde Jugendjahre, in denen man gerne der sozialen Kontrolle einer ziemlich geschlossenen Inselgesellschaft entkommt.

Wahrscheinlich hat der Mallorquiner mit seiner Einstellung, daß es zu Hause am schönsten ist, sogar recht.

Das bestätigen ihm nicht nur die Abermillionen Touristen, die jeden Sommer wie die Heuschrecken über das paradiesische Eiland hereinbrechen, sondern auch jene bedauernswerten Insulaner, die es vor langer Zeit aus purer Not nach Kuba oder nach Frankreich verschlagen hat. Unverzagt graben sie im Urlaub die Wurzeln ihrer Abstammung wieder aus: die Franzosen in Sóller, die Kubaner in Andratx. Daß der Mallorquiner aber trotz seiner Heimatverbundenheit ein weltaufgeschlossener und geschäftstüchtiger Mensch ist, zeigt sich schon daran, daß vier große mallorquinische Hotelketten zu *global players* geworden sind.

Mallorquiner sind glückliche Menschen, denn sie sind *relaxed*. Die Mischung aus orientalischem Gleichmut und westlicher Geschäftstüchtigkeit, südländischem Familiensinn und mediterraner Lebensfreude produziert einen Menschenschlag, der selten in Depressionen verfällt. Das Geheimnis heißt *tanmateix* – was mit »ohnehin alles egal« nicht wirklich korrekt übersetzt ist, denn *tanmateix* ist nicht pessimistisch, sondern, im Gegenteil, spirituell. Was könnte einem mehr Sorgen von den Schultern nehmen als die Einsicht, daß ohnehin alles vorübergeht, daß die Zeiten sich wandeln und Probleme sich in Luft auflösen, wenn man sie nur lange genug ignoriert? *Tanmateix* eben. Diese Fähigkeit zur heiteren Langmut schätzt der Mitteleuropäer und beneidet den Insulaner darum, gleichzeitig aber treibt ihn der praktische Anschauungsunterricht dieser Philosophie in den Wahnsinn – vor allem, wenn es sich um Behörden oder Handwerker handelt. Diese Ausländer aber auch! Was die von einem erwarten! Wer kann denn heute schon wissen, was einem morgen widerfährt? Die Großmutter könnte erkranken, ein alter Freund könnte einem über den Weg laufen, man könnte erfahren, daß man im Lotto gewonnen hat und müßte nie wieder zur Arbeit. Alles ist möglich, und nix ist fix.

Übrigens ist es vergebliche Liebesmüh, einen Mallorquiner zu bitten, statt einer vagen, halbherzigen Zusage lieber gleich ein klares »Nein« auszusprechen. Das Nein kommt dem Insulaner als wohlerzogenem Menschen, der sich zu benehmen weiß, selten über die Lippen, denn ein Nein ist barsch und unhöflich. Warum sollte man jemanden mit einer Absage brüskieren, wenn eine Zusage ein freundliches Lächeln aufs Gesicht zaubert? Wer mit dem asiatischen Konzept der Erleuchtung vertraut ist, wird im mallorquinischen Handwerker seinen Zen-Meister finden. Verstehen zu wollen, was etwa in einem mallorquinischen Schreiner vorgeht, ist ein Zen-Koan, also eine unbeantwortbare Frage, die einem im besten Falle nach Jahren der Kontemplation zur Erleuchtung verhilft. Denn es kann vorkommen, daß man monate- oder jahrelang auf die zugesagte Lieferung einer Tür wartet. Koan: Warum sagt der Schreiner, er käme ganz bestimmt, nur um dann nicht aufzutauchen? Warum behauptet er, man hätte doch gar nichts Festes abgemacht, obwohl man sich den Termin notiert hat? Warum sagt er erneut zu, um wieder nicht zu erscheinen? Wieso taucht er dann doch auf, um die falschen Maße zu nehmen, anschließend den Zettel zu verlieren und nicht genug Holz zu bestellen? Wieso sagt er Wochen später lächelnd, er hätte nicht wirklich verstanden, was der Kunde eigentlich wolle? Und fragt noch vorsichtig nach – der Kunde ist der Erleuchtung schon viel näher –, ob er denn *wirklich* eine Tür wolle? Ob er nicht schon längst woanders eine gekauft oder vielleicht eine geschenkt bekommen habe? Tip für zukünftige Schreiner-Zen-Meister: Fragen Sie den Auftraggeber, ob er schon einmal über das trennende Element, das in der Natur einer Tür liegt, nachgedacht hat?

Tanmateix. Es wird sich alles von selbst erledigen. Der Auftraggeber wird bestimmt einmal umziehen, in ein Haus, in dem es schon Türen gibt. Oder zurück in die Kälte. Vielleicht gewinnt er aber auch im Lotto oder fällt tot um? Alles ist möglich!

Vorwurfsvolle Blicke übrigens perlen an einem unzuverlässigen Mallorquiner ab wie Wasser auf der Ölhaut. Ein Wort für schlechtes Gewissen findet sich nicht im mallorquinischen Wörterbuch. Und Entschuldigungen haben Seltenheitswert. Auch wenn die *estrangers*, die *guiris*, das nicht begreifen wollen. Warum machen die es sich auch immer so schwer mit ihren seltsamen Forderungen nach Pünktlichkeit, Zuverlässigkeit und Pflichterfüllung? Als ob das Leben nicht mehr zu bieten hätte! Und so bedauert der Mallorquiner den armen, gehetzten Inselbesucher, dem die Arbeit das Wichtigste im Leben zu sein scheint. Er selbst hingegen definiert seinen Erfolg im Leben durch die Menge an Freude, die er empfindet, und das Gute, das ihm widerfährt.

Diese Laissez-faire-Attitüde scheint im Widerspruch zu der seltsamen Verschlossenheit des Insulaners zu stehen. Aber möglicherweise ist diese Charaktereigenschaft ein Erbe aus der Zeit der Dauerinvasionen. Es war gesünder für Leib und Leben, nicht allzuviel von sich preiszugeben; dafür war es überlebenswichtig, so viele Informationen über den Gegner zu bekommen wie möglich. Nur so läßt sich erklären, daß der Mallorquiner die gesamte Lebensgeschichte des Deutschen aus der Finca nebenan kennt, der Deutsche aber auch Jahre später nicht viel über das Leben von Jaume oder Merce weiß. Möglicherweise verständigen sich Mallorquiner auf telepathischem Wege oder schicken die Schafe zum Ausspionieren in Nachbars Garten. Wie sonst sollten sie wissen, daß im Wohnzimmer eine blaue Couch steht, daß der Bruder des *guiri* zu Besuch kommt und die Tochter schwanger ist? Und das, obwohl der unhöfliche Ausländer ihn noch nicht einmal auf ein Gläschen Wein zu einem Plausch hereingebeten hat!

Der Mallorquiner pflegt eine völlig andere Gesprächskultur als der Mitteleuropäer. Die Unart der Deutschen, direkte Fragen zu stellen und direkte Antworten darauf zu erwarten, erscheint dem Einheimischen grob und berührt ihn unangenehm. Auch daß der Ausländer gerne von sich selbst erzählt, stößt auf Befremden. Verhandlungen mit Mallorquinern drehen sich lange um scheinbare Nichtigkeiten, die aber die Basis für das gegenseitige Kennenlernen bilden. Nach vorsichtigem Abtasten kommt man zur Sache. Sogar bei hochoffiziellen Notarterminen – die nächsten Klienten sitzen schon wartend vor der Tür – kann es zu stundenlangem Austausch von Höflichkeiten kommen. Man widmet sich der intensiven Suche nach gemeinsamen Bekannten, forscht nach einer etwaigen Verwandtschaftsbeziehung (*Amengual? Juan Amengual, der Vetter von Aina? Der in Barcelona studiert hat?*), ratscht über das Wetter, die Wirtschaftslage und die Fußballergebnisse. Ist ein gemeinsamer Nenner gefunden, wird die Atmosphäre nahezu familiär, und alle Probleme lösen sich in nichts auf. Die Pflichtübung des Notars, den Text vorzulesen, wird nuschelnd vom Hohepriester der *escrituras* abgehakt. Dann werden die Unterschriften wie beiläufig unter die Papiere gesetzt. Fertig! Möglicherweise hat all das drei Stunden in Anspruch genommen. Na und?

Eile ist etwas, das man einfach nicht hat. Eile ist unelegant und unwürdig. Mann und Frau von Welt hat Zeit. Zum Zuhören, zum Schauen, zum Abwägen, zum Einschätzen. Denn im Geschäftsleben ist der Mallorquiner vorsichtig und läßt dem anderen gerne den Vortritt. Er hält sich so lange wie möglich bedeckt, sagt in Verhandlungen wenig und verursacht lange Gesprächspausen, in denen der unruhig auf dem Stühlchen herumwetzende Geschäftspartner seine Karten auf den Tisch legen muß.

Ein großer Teil der Geschäfte würde ohne Beziehungen niemals zustande kommen. *Tener enchufe – eine Steckdose haben* – alias Vitamin B, das ist sehr wichtig, egal, ob es sich um das baldige Verlegen einer Telefonleitung handelt oder um eine Baugenehmigung, die schon viel zu lange auf sich warten läßt. In einer Inselzeitung war kürzlich im Zusammenhang mit einem Finanzskandal gar das elegante Wort *enchufismo* zu lesen. Aber ehrlich: Wie soll es auf einer Insel voller Verwandter ohne Vetternwirtschaft gehen?

Der Gegenpart zum *tener enchufe* ist die felsenfeste Überzeugung, *compromisos* erfüllen zu müssen. Das hat nichts mit faulen Kompromissen zu tun, die natürlich auch der Mallorquiner eingehen muß; es handelt sich vielmehr um Verpflichtungen, die man einfach hat –

Familienmitgliedern gegenüber, ehemaligen Chefs und jedem, der einem jemals einen Gefallen getan hat. Wenn Don Tomeu etwa Doña Maria gegenüber einen *compromiso* hat, hat letztere damit automatisch *enchufe*. Das wird sie weidlich ausnützen, sollte Tomeu in eine Machtposition aufsteigen, am besten als Baudezernent. Wo Doña Maria doch dieses kleine, traurige Grundstückchen mitten im Naturschutzgebiet hat, in dem absolutes Bauverbot herrscht! Zum Glück erstrecken sich in diesen teilzivilisierten Zeiten die *compromisos* nicht auf Blutrache für etwaige Entehrungen und gebrochene Heiratsversprechen.

Politisch ist der Insulaner nicht besonders engagiert; er echauffiert sich nicht, denn schließlich gehen auch Politiker vorbei, wie alles andere im Leben. Die Obrigkeit hat immer schon gemacht, was sie will, und hat die Insel davon ernsthaft Schaden genommen? Na bitte. Höchstens lokalpolitisch hebt der Mallorquiner sein Händchen; je weiter entfernt die Entscheidungsträger sind, um so gleichgültiger bleiben sie ihm. Wer auf dem Lande wohnt, für den ist Palma schon weit weg, und Madrid ohnehin fast auf dem Mond – ganz zu schweigen von Brüssel. Etwas anders sieht die Sache aus, wenn es um europäische Subventionen geht …

Spricht man über Politik, dann meist im Zusammenhang mit privatem Klatsch. Das Leben der Politiker und Politikerinnen ist interessanter als deren Parteiprogramm. Nur die Steuerpolitik aus Madrid ist und bleibt ein Dauerbrenner. Steuern zu zahlen ist dem Mallorquiner aus tiefstem Herzen zuwider, und es ist Usus, jahrelang einfach die Steuererklärung zu »vergessen«.

Dem Ausländer steht der Mallorquiner naturgemäß ambivalent gegenüber. Einerseits sind die Invasoren eine vorzügliche Einnahmequelle, andererseits bringen sie einen Haufen Ärger. Das mit dem Geld ist ohnehin so eine Sache. Hier ist man nicht mehr oder weniger geldgierig als anderswo auch. Aber die Geldbündel, mit denen gerade die Deutschen wedeln, korrumpieren auch manchen grundehrlichen Bauern. Geblendet hat er das viele Geld für ehedem wertloses Schafland gerne entgegengenommen, ohne recht zu wissen, was er mit dem neuerworbenen Reichtum überhaupt anfangen soll. Traditionell besteht Reichtum auf Mallorca aus Landbesitz. Mittlerweile ist auch dem kleinsten Bauern klargeworden, daß vergängliches Konsumgut einen Wert hat, der gegen Null tendiert – und schuld an dieser bitteren Erkenntnis sind natürlich in erster Linie *los alemanes, los bárbaros del norte*. Gerade die einfachen Leute sind den Verlockungen des schnellen Geldes erlegen und können nun zum ersten Mal in der Familiengeschichte den Kindern kein *patrimonio* hinterlassen – ein vom Vater erwirtschaftetes Vermögen, das aus Bargeld, Beteiligungen, Land, Häusern und Wald besteht. Das sägt an den Wurzeln der mallorquinischen Identität.

Daß viel *patrimonio* gegen Bares eingetauscht wurde, hat andererseits die Wirtschaft der Insel angekurbelt – dem Mallorquiner geht es nicht schlecht. Eher gut, sagen die Statistiker. Nach wie vor wird emsig gebaut, auch von den Einheimischen selbst. Aber längst weiß die Mehrheit der Mallorquiner, daß Geld für die Bewohner einer Milch- und Honig-Insel keinen so hohen Stellenwert hat wie für die bemitleidenswerten Geschöpfe aus dem kalten Norden. Die müssen sich ihren Trübsinn über das schlechte Wetter und den Dauerstreß mit dem Erwerb schnellebiger Konsumgüter vom Leibe halten. Oder sich gar Haustiere zulegen.

In Fragen der Tierliebe herrscht zwischen Einheimischen und Residenten ein Dauerkleinkrieg. Falsch verstandener Tierschutz ist dem Insulaner ein Greuel, und der Urlauber oder Resident hält die Mallorquiner durch die Bank für Tierquäler. Ein Hund kann ruhig an die Kette, schließlich soll er als Wachhund bellen, um sich sein Futter zu verdienen. Katzen werden auch mal vergiftet oder mangels anderem jagdbaren Getier als Zielscheibe verwendet. Singvögel landen in der Pfanne, die schwarzen Schweine gelten als Delikatesse, und Kaninchen sieht man am liebsten in Knoblauchsoße. So kommt es, daß der Tierschutz fast ausschließlich in den Händen weichherziger britischer und deutscher Damen liegt. Sie werden dabei kopfschüttelnd und mißtrauisch von den Mallorquinern beobachtet.

Nein, der Mallorquiner ist nicht begeistert von den vielen Ausländern, die ihm auf der Nase herumtanzen. Die Zurückhaltung gegenüber den Gästen treibt manchmal seltsame Blüten. Trotz zahlloser deutschsprachiger Residenten, die man um Rat fragen könnte, strotzt die deutsche Einleitung des amtlichen Telefonbuchs nur so vor Rechtschreib- und Übersetzungsfehlern. Da wird das Messegelände auch für die Abhaltung festlicher »Ablässe« empfohlen, die Insel Cabrera ist vom »meeresmedium umfasst«, und es werden »Faradgeschäfte« beworben. Auf diese amüsanten Fehler trifft man an allen Ecken und Enden, vor allem die Übersetzungen der Speisekarten sind legendär. Nicht nur die deutschen Übersetzungen dienen der Erheiterung. Schon bei der Ankunft auf dem Flughafen Palma wird einem auf englisch liebevoll mitgeteilt, daß es im 4. Stock des Parkhauses einen Übergang zum Cheek-In gibt. Ein alter Schuster in Palma bietet Quieck-Repair, wohl für den Fall, daß einer sein kaputtes Sparschweinchen dabeihat.

Wahrscheinlich ist die Invasion der Ausländer zu schnell über die Insel gekommen, ebenso wie der plötzliche Reichtum. Viel zu schnell, um sich daran zu gewöhnen.

Innerhalb von dreißig Jahren hat sich ein gewaltiger finanzieller und sozialer Umsturz ereignet – Grund genug für Verunsicherung und dem daraus resultierenden Rückzug ins Private und Eigenbrötlerische. Vermutlich sind für die Entwicklung dieses Charakterzugs schon die ersten Touristen mitverantwortlich: die Piraten. Also: Invasoren bitte draußen bleiben.

In fremden Zungen

Da fährt man nun nach Spanien und ist gut vorbereitet, denkt man. Alles dabei, von Reiseschecks über Sonnenschutz und Strandlektüre. Und natürlich hat der Gast von Welt auch ein Wörterbuch dabei.

Nur leider ist es das falsche. Wer ahnt denn schon, daß die Mallorquiner keinen Deut aufs königliche Hochkastilisch geben, jene Sprache, die uns gemeinhin als Spanisch bekannt ist?

Natürlich verstehen die Einheimischen Spanisch. Und sie sprechen es auch. Aber eher unwillig. Das, was zwischen den Zähnen der Mallorquiner hervorperlt, hat zwar eine entfernte Ähnlichkeit mit Spanisch … oder doch mit Italienisch? Französisch? Oder Latein? Mit allem. Es handelt sich nämlich um Catalán, ein Latinoderivat.

Genaugenommen spricht man auf Mallorca nicht Catalán, sondern Mallorquin. Aber zu diesen Feinheiten kommen wir später.

Katalanisch ist tatsächlich eine eigenständige Sprache und nicht etwa ein spanischer Dialekt. Es sind stolze 7,3 Millionen Menschen, die Catalán zur Muttersprache haben: so viel wie die gesamte Einwohnerschaft Österreichs. Weitere drei Millionen Menschen können Catalán immerhin verstehen. Diese zehn Millionen verteilen sich auf vier Staaten: Andorra, Italien, Frankreich und Spanien. Na ja, nicht ganz Italien natürlich. Das katalanische Sprachgebiet beschränkt sich auf eine störrische Stadt in Sardinien namens Alghero. In Frankreich ist das Catalán in und um Perpignan zu Hause. Aber seine Hochburg hat die Sprache, wie der Name schon sagt, in Katalonien mit den Großstädten Barcelona und Valencia. Und da gibt es natürlich noch diese vier Inseln im balearischen Meer ... wo allerdings nicht das klassische Catalán gesprochen wird, sondern die verwandten Dialekte Ibicenco, Menorquin und Mallorquin.

Ganz zu Unrecht wird das Catalán als Minderheitensprache bezeichnet, denn immerhin ist es eine der elf Amtssprachen der Europäischen Union; dort steht es in der Sprachstatistik an siebter Stelle nach dem Niederländischen und noch vor dem Griechischen. Und eine weitere eindrucksvolle statistische Größe: Drei von zehn Spaniern wohnen in katalanischsprachigen Gegenden.

Katalanisch ist fast so alt wie die Welt. Die frühesten Fragmente finden sich als Texte aus dem 12. Jahrhundert, und das erste gedruckte Buch auf Catalán ist zur Buchmesse 1474 erschienen. Obwohl das Catalán eine Sprache des Adels, des Klerus und der Poeten war, gab und gibt es immer wieder böse Zungen, die diese Sprache miesmachen wollen. George Sand verdammte mit dem Mallorquin zusammen gleich das ganze Volk. »Die Mallorquiner sind eine sehr törichte Gesellschaft degenerierter Piraten mit einer grauenhaften Sprache«, sagte sie und wunderte sich da noch über ihre zunehmende Unbeliebtheit.

Andere behaupten gehässig, man müsse bei der Aussprache des katalanischen Vokals A gräßliche Grimassen schneiden, um eine der acht Klangfarben richtig zu treffen. Deswegen gäbe es kaum eine katalanische Schönheitskönigin, dafür aber eine Reihe begnadeter Schauspieler und Clowns. Nur im Russischen gäbe es noch zwei bis drei Klangfarben mehr für den ersten Buchstaben im Alphabet.

Aber was hat der Reisende von diesen Ausführungen? Nicht viel, ehrlich gesagt. Denn Catalán lernt sich nicht so schnell, und das Mallorquin erst recht nicht. Der Residente kann trotzdem schon mal anfangen, sich Mühe zu geben. Denn auf der Insel ist jetzt Schluß mit der Toleranz. Daß das Spanische – und zunehmend auch das Catalán – dem Mallorquiner häßlich in den Ohren klingt, hat politische Gründe. Obwohl auch die heimattreuesten Mallorquiner zugeben, daß sie Catalán sprechen, beharren sie gleichzeitig darauf, daß ihre Sprache das Mallorquin sei. Wer daraus schlau wird ...

Über ein Vierteljahrhundert ist es her, daß der zu Recht unbeliebte Generalissimo Franco den Gazpacho-Löffel abgegeben hat und durch den liberalen Sympathieträger König Juan Carlos ersetzt wurde. Mit der Demokratie begannen sich langsam auch die Sprachschranken zu heben. Unter Franco war das Sprechen der Regionalsprachen unter Strafe gestellt worden. So durfte das Baskische, Galizische, Katalanische und Mallorquinische nur hinter verschlossenen Türen geraunt werden; in der Öffentlichkeit herrschte der Zwang zum Kastilischen. In den Küchen und Betten aber gingen Catalán und Mallorquin nicht verloren. Bald wurde Katalanisch als Zweitsprache an den Schulen unterrichtet, denn durch die jahrzehntelange Unterdrückung hatten viele Menschen vergessen, wie ihre Sprache auf dem Papier aussah. Heute noch, wo das Catalán fröhliche Urständ feiert und zur Amtssprache erklärt wurde, scheuen viele Über-Vierzigjährige davor zurück, einen Brief in ihrer Muttersprache zu schreiben.

Jahrelang empfingen den Gast auf Mallorca zweisprachige Ortsschilder, und man hätte sich fast an deren rote Sprühfarbe gewöhnen können, die die kastilischen Dorfnamen verunzierten. Seit Wiedereinführung der alten Ortsnamen sind die verärgerten Sprayfans auf graue Wände ausgewichen, um »forasters fora« (»Ausländer raus«) und ähnliche Willkommenswünsche dem Besucher künstlerisch nahezubringen.

Als ob die Wiedereinführung des Catalán als zweite, gleichberechtigte Amtssprache neben dem Kastilischen nicht schon für genügend Abgrenzung sorgte, fordern radikale Mallorquin-Verfechter nun auch noch die Ausmerzung des Catalán. Das Feindbild Franco wird durch das Feindbild der katalanischen Regionalisten ersetzt, die sich, nach Meinung der autonomen Insulaner, zur höchsten Buchstabeninstanz aufspielen und den Balearen mit ihrer *normalizació* eine Sprache aufoktroyieren, die nicht die ihre ist – denn die heißt nun einmal: Mallorquin. Oder Ibicenco. Genug ist genug! *Prou!*

Warum die Mallorquiner, denen das Wohl der Familie über alles geht, ihre Kinder in einem wenig gesprochenen Dialekt einer Minderheitensprache unterrichtet sehen wollen, leuchtet nicht wirklich ein und schmeckt ein wenig nach »Schwäbisch für alle« oder »Weanerisch wird Weltsprach!« Diese kopflose Flucht ins finstere

Mittelalter des Clanbewußtseins ist nur durch die panische Angst vor einem Identitätsverlust zu erklären und sollte allen Invasoren zu denken geben. Im Mittelalter sprach man hier übrigens Arabisch, und es drängt sich die Frage auf, ob eine wie auch immer geartete *normalizació* nicht bis auf die Gurr- und Knurrlaute unartikulierter Ureinwohner zurückgreifen müßte, um alle Fremdeinflüsse auszumerzen.

Das Leben wahrlich schwergemacht wird jenen Festlandsspaniern, die zur Ausübung eines Berufes nach Mallorca übersiedeln. Wer ein staatliches Amt übernimmt, muß laut Dekret Catalán beherrschen. Am chronischen Lehrermangel im autonomen Archipel ist nicht zuletzt die Sprachhürde schuld. Auch die Polizisten müssen lernen, das »Halt, stehenbleiben!« in ein lautes »Ature!« zu verwandeln. Die vielen Katalanischkurse, die die Gemeinden für Besucher und Residenten anbieten, leiden unter einer hohen Ausfallquote. Was schade ist, denn die absolute Integration ist auf Mallorca ohne Beherrschung der Sprache – oder des Dialekts – niemals möglich.

Daß die Mallorquiner sich mehr Integration seitens der ausländischen Residenten wünschen, halte ich übrigens für ein Gerücht. Meine Versuche, die mallorquinische Aerobic-Instrukteurin dazu zu bewegen, die Anweisungen ruhig auf Mallorquin zu brüllen, fallen nach wie vor auf fruchtlosen Trainingsraumboden. Sobald eine Ausländerin das Fitneß-Studio betritt, wird automatisch auf Kastilisch weitergehüpft. Denn in Wirklichkeit wollen die Mallorquiner das letzte bißchen Privateigentum für sich allein behalten. Und das ist nun einmal ihre Sprache. Kann man ihnen das verübeln?

Noch ein paar interessante Details: Strafzettel werden häufig nur auf Catalán verfaßt, ebenso amtliche Schreiben, die irgendwo einen versteckten Hinweis auf eine Einspruchsfrist enthalten. Das sieht nach Methode aus! In Geschäften mit weniger als drei Angestellten sollen die Kunden nur auf Catalán bedient werden. Und im Eifer des Gefechts beschloß der Bischof persönlich, die Gottesdienste nur in der Sprache des Herrn – Mallorquin, was sonst? – abzuhalten. Der würdige Mützenträger wurde aber aufgrund massiver Proteste dazu gezwungen, diese Anordnung in eine Empfehlung zu verwandeln.

Stromerzeuger, Telefongesellschaften und Banken bieten den Kunden immer öfter die Wahlmöglichkeit zwischen beiden Sprachen an, sowohl bei der Korrespondenz als auch im Fernsprechverkehr.

Erstaunlicherweise gibt es erst eine einzige Tageszeitung, die auf Mallorquin erscheint, aber die großen Blätter lassen sich immerhin zu einigen Beilagen auf Catalán herab. Was auch immer die undurchschaubaren Mallorquiner denken und fühlen – für den Besucher ist es letzten Endes egal, ob auf einem Schild *playa* oder *platja* steht. Beides ist meistens gut mit Sand gefüllt.

In der Ciutat wird das Flair trotz der diversen *Normalizacions*versuche immer internationaler. Da mischen sich Mallorquiner mit Briten, Sevillaner mit Amerikanern, Deutsche mit Holländern, Katalanen mit Franzosen, Marokkaner mit Chinesen – wie es sich für eine Großstadt in spe gehört. Und dort beginnt auch das Mallorquin sich zu verändern: Unvermeidlich schleichen sich Computer-Anglizismen in die Sprache aller Sprachen. *Xatear* für »chatten« wird zwar selten geschrieben, aber umgangssprachlich verwendet, so wie alle anderen Begriffe, die mit dem Internet zusammenhängen.

Ein kleiner Hinweis zum Schluß: Wenn ein Mallorquiner »Bon profit« sagt, halten Sie ihn nicht für unverschämt geschäftstüchtig. Es heißt nichts anderes als »guten Appetit!«. Obwohl – bei Mallorquinern weiß man nie.

Bon profit heißt guten Appetit!

Nach gründlicher Analyse des Angebots und der Zusammenstellung mallorquinischer Speisen kann man gleich vorweg sagen: Diese Küche ist nix für Vegetarier, Leber- und Magenkranke. Wer auf der Baleareninsel die berühmte gesunde mediterrane Küche sucht, muß schon mit der Lupe unterwegs sein oder sich in Spezialitätenrestaurants meist ausländischer Küchenchefs umtun. Einer davon, der berühmte Heinz Winkler, erklärt die geradezu erschlagende Deftigkeit des kulinarischen Angebots mit den Traditionen einer bäuerlichen Gesellschaft, die aus bitterer Armut deftige Eintopfgerichte kreierte – war die Arbeit auf den Feldern hart, mußte die Nahrung auch hochkalorisch wertvoll sein.

Obwohl die Bauern vom Aussterben bedroht sind, hat sich die Küche kaum verändert. Der Fronarbeit auf den Feldern entfremdet, kann sich der Mallorquiner die Eintopfenergiequelle trotzdem nicht versagen. Natürlich brauchen nur Bauarbeiter sechstausend Kalorien am Tag. Die Bürohengste sind daher meist überernährt.

Alle Erkenntnisse moderner Ernährungslehre scheinen an den Kochkundigen der Insel vorüberzugehen. Trotz des hochwertigen Olivenöls, das ja vor der Haustür wächst, werden viele Gerichte nach wie vor mit

Schweineschmalz zubereitet. Vor allem die beliebten Backwaren wie die *ensaimadas* tragen, wenn erkaltet, sichtbar an ihrer Unterseite eine schmalzige Fettschicht, die in Nachkriegszeiten locker fürs Bestreichen zweier Schulbrote gereicht hätte. *Saim* heißt Schmalz auf Mallorquin. Das hört sich alles fürchterlicher an, als es ist – denn wenn man den Ernährungspäpsten die kalte Schulter zeigt und in so eine frischgebackene *ensaimada* beißt, frühmorgens, zum *cafe con leche*, sind einem die Gefahren der gehärteten tierischen Fette ziemlich gleichgültig. Die *ensaimada* kommt in allen Größen vor, die Wagenrad-Variante ist am Flughafen Palma im Pappkarton erhältlich und als Mitbringsel sehr beliebt. Üblicherweise ist dieses Hefegebäck, für das der Teig zwischen 14 und 24 Stunden gehen muß, nur mit Puderzucker dekoriert, aber es gibt auch Versionen, die mit *cabell del angel* – Engelshaar – gefüllt sind: fädenziehende, aber köstliche Kürbismarmelade. Der 3. Oktober 1996 war so etwas wie der »Tag der Ensaimada«. Seit diesem historischen Datum darf das Gebäck offiziell den Namen »Ensaimada de Mallorca« tragen und ist kopiergeschützt, patentiert und so weiter.

Die Engelshaarmarmelade findet sich übrigens auch im Mürbeteigmantel der leckeren *rubiols*. Die gibt's je nach Vorliebe auch mit normaler Aprikosenmarmelade zu kaufen.

Das Zuckerwerk der Insel ist nicht nach jedermanns Geschmack. Von den Arabern hat der Mallorquiner offenbar die Liebe für übersüße Leckereien übernommen. Seltsam mutet auch die Sitte an, eigentlich sehr feine Konditorwaren – zum Beispiel Apfelkuchen oder Erdbeertörtchen – mit Vanillepudding zu unterfüttern.

Sogar aus den *ensaimadas* quillt einem manchmal der gelbe Brei entgegen, und der ist meist industriell hergestellt.

Der Mallorquiner ißt gerne gefülltes oder belegtes Backwerk, egal ob süß oder salzig. Als Imbiß unentbehrlich sind auch die *empanadas*, Teigtaschen, die mal mit Lamm oder Schweinefleisch gefüllt sind, in der vegetarischen Ausgabe aber auch mit Gemüse oder frischen Pilzen. Die mallorquinische Pizza heißt *coca* und ist dennoch garantiert rauschgiftfrei. Es sei denn, man entwickelt eine fatale Abhängigkeit von in viel Öl gebratenen Zwiebeln, Tomaten und Paprika, mit denen die *coca* belegt wird. Manchmal gibt's auch die Variante mit Mangold, dieser etwas kräftigeren Verwandten des Spinats, der wild auf Wiesen wächst.

Die Küche der Hauptgerichte basiert – hier spricht der Vegetarier – leider auf Fleisch. Und häufig ist es Fleisch vom Schwein. Weil dieses Nahrungsmittel schwer verdaulich ist, wird auch klar, warum das traditionelle Familienessen eine Menge Zeit in Anspruch nimmt. Fettig, mächtig, lang und zeremoniell, so kommt vor allem das Sonntagsessen daher. Manchmal ist das gesellige Herumsitzen wichtiger als das Essen selbst. Die Nachspeise *la sobremesa* dient nicht nur dazu, sich unauffällig noch einige Cognacs zum Obst einzuverleiben, sondern auch zum Pflegen der Familienbande. Leider verkürzt sich die Mittagspause durch die um sich greifende schleichende Anpassung der Geschäftszeiten an das europäische Mittel. Wer eine Siesta von drei Stunden einzuhalten gewohnt war, kann natürlich in einer Stunde nicht mehr der Tradition frönen. Schade eigentlich, denn das gemeinsame Essen hält nicht nur Leib und Seele, sondern auch die Familie zusammen, und die traditionelle mallorquinische Hausfrau bezieht ihr Selbstwertgefühl daraus, wie der Verwandtschaft das Essen geschmeckt hat.

Es gibt natürlich auch viel Positives über das Essen in Mallorca zu vermelden: Der Geschmack des Fleisches soll, sagen die Kenner, ausgezeichnet sein. Vor allem das Lammfleisch braucht den Vergleich nicht zu scheuen. Die Lämmer ernähren sich von wildwachsenden Kräutern und würzen sich sozusagen von innen selbst. Ein berühmtes Lammgericht ist das *frit mallorquí*, frische Innereien mit Fenchel, Knoblauch und diversen Gemüsen gebraten.

Das Fleisch der schwarzen Schweine, die von jedem, der die Möglichkeit hat, gehalten werden, ist weltberühmt. Ebenso gut ist natürlich das Obst und Gemüse – wenn es nicht großindustriell angebaut und den EU-Normen angepaßt wird. Die Sommertomaten sind ein Gedicht, die Oliven, in unterschiedlichen Beizen gereift, einfach phantastisch, und die kleinen ungespritzten Avocados, die auf hohen Bäumen wachsen, köstlich, köstlich, köstlich.

Orangen wachsen, wohin das Auge blickt, und werden zweimal im Jahr geerntet, kleine Mandarinen und Zitronen sind nicht nur eine Augen-, sondern auch eine Gaumenweide. Das gilt ebenso für die Mandeln, deren Blütezeit im Januar eine eigene Saison darstellt, mit rosa Mandelblütenwolken an den Rändern der Sierra. Leider haben die mallorquinischen Mandeln einen erbitterten Überlebenskampf auszufechten gegen die größere kalifornische Mandel, die den Weltmarkt überschwemmt. Jetzt aber kommt Entwarnung, denn

Forscher der Universität von Palma haben aus Mandeln einen vielversprechenden isotonischen Power-Drink extrahiert. Vielleicht rettet das ja die leckere, ovale Frucht.

Der erwähnte Küchenchef Heinz Winkler beschwerte sich darüber, daß die Mallorquiner selbst die Qualität ihrer Nahrungsmittel gar nicht zu schätzen wüßten. So würden sie dazu neigen, alles viel zu weich zu kochen, so, als ob die Esser keine Zähne hätten. Sie sind stolz darauf, wenn man das Lammfleisch mit der stumpfen Seite des Messers zerteilen kann, und auch in den berühmten mallorquinischen Eintöpfen, die einen über kühle, feuchte Winterabende retten, lassen sich keine Vitamine mehr nachweisen, dafür schmecken sie köstlich. Vor allem die *sopa mallorquina,* die aus Brot und Gemüse besteht, ist am leckersten, wenn sie drei Tage gestanden hat und mehrmals wieder aufgewärmt wurde. Sie war das traditionelle Dienstboten- und Gesindegericht und ist wegen ihres hohen Kohlgehaltes schwer blähend, dafür aber reich an Vitamin C und eine Erkältungsbremse. Die *sopa mallorquina* gab es oft sowohl zum Frühstück als auch zum Abendessen.

In Familien beliebt ist *escudella fresca,* ein Eintopfgericht aus Gemüse, Schweinefleisch, Speck und vielen Gewürzen. Das *tumbet,* ein rätselhafterweise kompliziert zuzubereitendes mallorquinisches Ratatouille, ist ein absoluter Gaumenschmeichler, weil seine zur Unkenntlichkeit zerkochten Tomaten, Paprika und Kartoffeln in lecker gewürztem Öl schwimmen. Das gibt es auch als *tumbet amb ou,* also mit Ei. Gerne wird die deftige Kost in Kellerlokalen angeboten, den auch bei

Touristen sehr beliebten *cellers*, in denen die Mahlzeit zwischen riesigen Weinfässern eingenommen wird.

Kaninchen – *conejo* – werden auf Mallorca zum Entsetzen der Kinder gerne in Knoblauchsoße gehalten. Und Reiseintöpfe sind allgegenwärtig, entweder als *arroz brut*, dem berühmten »verschmutzten« Reis, was komischerweise weniger Leute abschreckt als zu erwarten. Oder in Form der unvermeidlichen *paella*, die sich vom *arroz brut* hauptsächlich durch die verschwenderische Verwendung von Safran – der ist übrigens ein schönes Mitbringsel und in Spanien um ein Vielfaches billiger als in Resteuropa – unterscheidet. Die *paella* gibt es für Fisch- und Fleischfans oder auch gemischt.

Fisch spielt übrigens auf Mallorca eine nicht so große Rolle, wie man annehmen könnte. Weil das Mittelmeer relativ planktonarm ist und immer schon war, ist es niemals besonders fischreich gewesen. Natürlich gibt es gute Fischrestaurants und Fischgerichte, vor allem der *cap roig*, Dorade und Goldbrasse sind häufig auf den Speisekarten zu finden. Der Großteil der anderen Fische wird aber importiert.

Geht der Mallorquiner denn nun gerne ins Restaurant? Ja. Und er bevorzugt jene Gaststätten, die ein imaginäres »Touristen bitte draußen bleiben«-Schild in der Tür haben. Erstaunlicherweise scheinen die Urlauber einen sechsten Sinn dafür zu haben, in welchen Restaurants sie unerwünscht sind und meiden diese instinktiv. Wenn aber ein paar Unsensible sich dennoch dort niederlassen, werden sie so unwillig bedient, daß sie garantiert nicht wiederkommen.

Daß mittags nicht warm gegessen wird, kommt nur selten vor. Zu Tausenden scharen sich mallorquinische

Arbeiter, Angestellte und Geschäftsleute um die Tische jener Lokale, die ein preiswertes *menu del dia* (unter 6 €) anbieten. Suppe, Hauptspeise, Nachtisch, Brot und Wein inklusive. Danach noch ein *cortado*, und der Tag kann weitergehen.

Vor allem in Palma wird abends schon gerne mal größer ausgegangen. Und das schrecklich spät, was ernährungs-physiologisch dafür sorgt, daß der Mallorquiner nicht besonders langlebig ist. So etwa ab neun Uhr rechnen die Restaurants mit den Gästen. Wer früher auftaucht, hat sich schon als *guiri* geoutet, ehe er Platz genommen hat.

Die Restaurants in Palma sind international. Das ist ein rechtes Wagnis, denn vor allem der ältere Mallorquiner ist nicht besonders experimentierfreudig. Es gibt aber auch eine ausgezeichnete spanisch-regionale Küche und einige phantastische Fischrestaurants. In den immer proppevollen *bodegas* hängen die Serrano-Schinken von der Decke, mit einem Glas Wein dazu und frischem Brot ersetzen sie ein vollwertiges Abendmahl.

Das *pa amb oli* hat eine spezielle Erwähnung verdient. Dieses Gericht, das ursprünglich nur aus einem Stück Brot mit Öl bestand, hat es in sich. Ein mit Olivenöl beträufeltes, ungesalzenes geröstetes Bauernbrot wird mit einer Paste aus den saftigen Wintertomaten, den *ramellets*, bestrichen und mit Käse oder Schinken belegt. Meist ist es begleitet von einem Tellerchen mit *aceitunas*, wie die eingelegten Oliven auf der Insel genannt werden, und *aioli*, einer köstlichen Knoblauchmayonnaise auf Joghurtbasis.

Die Tapa-Bars, wie die berühmte Boveda in Palma,

sind natürlich keine rein mallorquinische Angelegenheit. Die von den Spaniern übernommene Sitte, verschiedenste kleine Köstlichkeiten von Mini-Tellerchen zu essen, hat sich auf die Inseln ausgedehnt, und eine gute Tapa-Bar hat schon mal zwanzig verschiedene Gerichte zur Auswahl: von *albondigas*, Fleischbällchen in Tomatensoße, bis zu Hühnerkroketten, von kleinen Weißfischen im Sud bis zu Tintenfisch oder Innereien, von gebackenem Blumenkohl zu eingelegten Zucchini – bei den Tapas findet sich sogar etwas für Vegetarier. Aber nur für jene, die keine Schwierigkeiten mit der Leber haben, denn es droht mal wieder Fettgefahr! Noch ein Hinweis für die Obst- und Gemüsefraktion: Zum Glück eröffnen in Palma immer mehr vegetarische Restaurants, mittlerweile sind es schon zwölf, und kaum eines verbreitet noch jenen gefürchteten Müsli- und Birkenstockcharme.

Was schmerzhaft von den Residenten und vielen Touristen vermißt wird, sind gute Salate. Das, was sich in den meisten Restaurants als Salat ausgibt, sind die immer gleichen lieblos zusammengeschnippelten grünen Zelluloseblätter, vier Scheibchen unreifer Tomaten, ein Fingerhut voll geraspelter Möhren aus der Dose und zwei unvermeidliche blasse Spargelstangen aus dem Glas.

Keine Erwähnung haben die Touristenmenüs verdient, aber darüber schreibt es sich mit so schönem Gruseln, daß hier doch kurz darauf eingegangen werden muß. Seit einigen Jahren hat es sich eingebürgert, den hungrigen Urlauber außer auf eine klebrige, mit Übersetzungsstilblüten wohlgefüllte Speisekarte auch an der Tür auf eine Tafel mit in der Sonne verblichenen Fotos hinzuweisen. Diese scheinen aus der Anatomie zu stammen und zeigen meist ein paar Streifen rosalilafleckigen Schweineschinken, die sich obszön um rötliche Bohnen legen, das ganze »an Ei«. Auch die absurden Aufnahmen von Spaghetti mit Tomatensoße lassen den Gourmet erschreckt zurückprallen, und noch nicht einmal die bunten Eisbecher mit den lustigen Hawaiischirmchen weisen Farben auf, die in der Natur auch vorkommen. Aber immerhin kann der Sprachunkundige mit seinen sonnenverbrannten Fingerchen auf eine dieser appetitlichen Abbildungen deuten, falls er es nicht vorzieht, hungrig zu bleiben.

Aus keiner Mahlzeit wegzudenken ist der Kaffee: als *cortado*, einem kleinen Espresso mit einem Schuß Milch, als *cafe con leche*, dem klassischen Milchkaffee, als *cafe solo*, dem kleinen Schwarzen, oder als *carajillo*, dem kleinen Schwarzen mit einem Schuß Cognac ... es gibt noch viele lokale Variationen, aber immer kommt er aus der Espressomaschine. Nur Restaurants, die sich den Touristen anbiedern wollen, locken mit deutschem Filterkaffee. Soll ja Leute geben, die so was mögen! Immer beliebter wird natürlich auch der italienische Cappuccino, und gewitzte Barbesitzer bieten davon auch die deutsche Banausenvariante mit Sahnehaube an. Pfui.

Tee ist meist lieblos zubereitet, und selbst der Kräutertee kommt trotz der Unmenge wildwachsender Kräuter fast immer aus der Packung; er wird, im Gegensatz zum Schwarztee, nicht *té* genannt, sondern *infusion*. Keine Angst, die muß nicht intravenös verabreicht werden!

Der Mallorquiner ernährt sich auch sehr gerne von

dem, was das Land hergibt. Nach den ersten Regenfällen im September kann man morgens an den Landstraßen gespenstische Szenen beobachten: Im Frühnebel erscheinen vermummte Gestalten, die mit Taschenlampen und Plastiktüten bewaffnet sind und in den Zwischenräumen der steinernen Straßenbegrenzungen Jagd auf die gewöhnliche Weinbergschnecke machen. Die ist als *caracoles* eine lokale Spezialität. Bevor sie in den Sud der *greixoneras*, der großen tönernen Kochtöpfe, geworfen werden, werden die Tierchen noch einige Tage mit einer Mehldiät in Sicherheit gewiegt, dadurch scheiden sie alles Unappetitliche aus. Im Frühling machen sich Landbewohner und Städter gleichermaßen über die Felder her, um grünen, wilden Spargel zu pflücken, der sich vortrefflich in ein Spargelomelette verwandeln läßt. Wenn im Herbst die Pilzzeit anbricht, kennt der Mallorquiner kein Halten. Leider sind 95 Prozent des Landes in Privatbesitz, so muß er also unverzagt sogar Elektrozäune übersteigen, um sein Körbchen auch ohne Erlaubnis des Eichenwaldbesitzers mit *esclatasangs* oder *rossinyols* zu füllen. Mallorquiner sind Pilzliebhaber. Manchmal geraten sie sich mit den Jägern in die Haare, wenn sie nicht ohnehin eine Personalunion bilden. Seit Ausrottung der Antilopen hetzen die Jäger Kaninchen, Rebhühnern, Fasanen und anderem Kleingetier hinterher, und manchmal muß auch Nachbars Katze daran glauben. Ganz böse Zungen behaupten, daß die süßen Haustiere in der *conejo*-Saison als Ersatz für die massakrierten Kaninchenbestände herhalten müssen.

Ein vieldiskutiertes kontroverses Thema ist die Drosseljagd mit Netzen. Nicht nur in Italien, auch auf

Mallorca wird den armen Vögeln auf diese grausame Art der Garaus gemacht. Mit Kohl im Kochtopf vereint, heißen sie *tords amb col* und sind angeblich eine Delikatesse.

Was außerdem wild wächst, ist *hinojo marino*, der von den Klippen gepflückt wird und, eingelegt in saure Milch, eine sehr gesunde fenchelige Beilage ist. Zu *pa amb oli* gegessen, ist der *fenouille* eine mallorquinische Spezialität. Mangold wächst in den meisten Gärten, und bei Herbstwanderungen kann sich der Sachkundige von den Beeren des Waldes ernähren. Feigenbäume sind allgegenwärtig, ebenso Kaktusfrüchte und Granatäpfel.

Wem all das Essen nun etwas schwer im Magen liegt, der kann sich mit einem der berühmten Kräuterliköre zu kurieren versuchen. Der *hierbas*, den es süß und trocken gibt, ist ein beliebtes Mitbringsel, schmeckt aber immer gut. Wohingegen der *palo* wirklich Geschmackssache ist. Beides sind jedoch medizinische Schnäpse. Der *palo* wird gebrannt wie anno dazumal, und manchmal entstehen bei der archaischen Prozedur auch Giftgase in der ausgedünsteten Zuckermelasse. Fünfzig Kilo Zucker auf sechshundert Liter Alkohol werden dazu verbraucht, plus Zimt und Nelken. Im Sommer wird der *palo* mit Sodawasser verdünnt als Erfrischungsgetränk gereicht.

Mallorca ist, was viele nicht wissen, ein Weinanbaugebiet. Vor allem um die Orte Binissalem, Santa Maria und Consell scharen sich die Winzer, die sehr gute Weine erzeugen. Wirklich sehr gute. Die sind viel zu schade, um nur als Rohmaterial für Sangria angesehen zu werden. Aus der Umgebung von Binissalem stammen meist Rotweine, wie Cabernet Sauvignon und die mallorquinischen Traubensorten Manto negro und Callet, aber es gibt auch Blanc de blancs und Chardonnay. Weil die Ertragsmenge relativ klein ist, liegen die Preise über denen des Festlands. In den letzten Jahren hat sich eine neue, innovative Winzergeneration herausgebildet, die längst vergessene Trauben züchtet und keltert. An der Westküste um Banyalbufar sprießen seit einigen Jahren wieder die Stöcke der Malvasiertraube und liefern einen süßen Dessertwein, der genauso gut ist wie der italienische Vin Santo. Anfang des 20. Jahrhunderts hatte eine böse Reblaus dem honigsüßen Malvasier den Garaus gemacht.

Honig, den gibt es auch, und er wird in den landwirtschaftlichen *cooperativas* der Dörfer und auf den Wochenmärkten verkauft, gleich neben den duftenden Ständen moderner Kräuterhexen, die noch wissen, wogegen ein Kraut gewachsen ist. Durch die marokkanischen Zuzügler gibt es auf den Märkten endlich auch die hocharomatische Minze zu kaufen, aus der man sich echt nordafrikanischen Minztee brauen kann. Und die kleinen Bananen von den kanarischen Inseln sind viel, viel besser als die von weither eingeflogenen mehligen Normbananen.

Dann gibt es Stände mit Trockenfisch und den verschiedensten Olivensorten und Kapern, die ebenfalls auf Mallorca zu Hause sind. Köstlich auch der Ziegenkäse, der oft noch handgemacht ist. Und in den letzten Jahren bieten immer mehr Biobauern ihre Waren feil, meist gibt es neben dem ungespritzten Gemüse auch Vollkornbrot zu kaufen.

Die Wochenmärkte sind wirklich einen Besuch wert.

Frühmorgens tummeln sich da nur die Einheimischen, um ihre Einkäufe zu erledigen, ehe die Touristenbusse ihre Ladungen Schaulustiger ankarren.

Vor allem die großen Märkte in Palma wie St. Catalina und Pere Garau machen Vorfreude auf kulinarische Genüsse – wenn man sie nur nicht von einem auf Hausmannskost versessenen Mallorquiner zubereiten läßt.

Ein Nachsatz zu den Restaurants: Bei den beliebteren empfiehlt sich vor allem an den Wochenenden eine Reservierung. Und dem Kellner sagt man nicht: »Stimmt so!«, wenn es ans Trinkgeld geht. Man läßt sich herausgeben und legt dann seine europaweit üblichen 5 bis 10 Prozent aufs Tellerchen. Dann hat er auch einen bon profit gemacht!

Vom schönen Schein und schönen Scheinen

Als Mallorcas Tourismus noch in den Kinderschuhen steckte, muß ein auf Beförderung erpichter Beamter des Consell Insular, das damals natürlich noch nicht so hieß, auf die Idee gekommen sein, einen Imageberater zu konsultieren. Da man in der Franco- und Nach-Franco-Ära jede eingenommene Peseta zweimal ängstlich umdrehte, wurde natürlich der billigste Vertreter der noch unbekannten Zunft auf dem Markt engagiert. Letzterer – der Markt – befand sich vermutlich irgendwo in der andalusischen Pampa, und der Berater entpuppte sich als Vetter dritten Grades, der genug davon hatte, immer nur Orangen zu verkaufen. Statt dessen war er bekannt für seinen Hang zum Prophetischen: Als er nun, um Rat gefragt, sinnierend auf einen Turm hochgestapelter Kisten starrte, fiel ihm auf, daß man darin sehr viele Orangen unterbringen konnte. Also sprach er: »Geht hin und stapelt Kisten aus Beton an den Strand von diesem Arenal oder wie das heißt, da gibt es reichlich Bausand! Zaubert noch eine Freßgasse hinzu, gebt Euren Gästen ihr gewohntes heimisches Essen, Bier, Sangria und eine Schunkelhalle, und alles wird sich zum Guten wenden!«

So geschah es natürlich, der orakelnde Imageberater indes aalt sich mittlerweile inkognito auf seiner eigenen

Inselgruppe in der Südsee, steinreich und verfettet, und bereut dreimal täglich seine Untat von damals. In Spanien darf er sich nicht mehr blicken lassen.

So kam es, daß diese wunderschöne Insel im Mittelmeer – die schönste überhaupt, wie ich ganz unvoreingenommen meine – einen Hautgout bekam. Nach Mallorca zu fahren galt bis vor wenigen Jahren in nördlichen Breiten als ausgesprochen unfein. Da Mallorca-Aufenthalte ordinär billig waren, hielten die besseren Herrschaften die Insel für vulgär, und man nannte sie die Putzfraueninsel. Und weil sich in ihrem Dünkel kaum jemand die Mühe machte, sich mit spanischer Geographie und Geschichte zu beschäftigen, ahnten sie nicht, was ihnen entging. Sie hätten einfach ihren Putzfrauen zuhören sollen, wie die von der Insel *Malloorka* schwärmten. Traurigerweise übernahmen die lokalpolitischen Inselsnobs in den neunziger Jahren des vergangenen Jahrhunderts diese Vorurteile und beschlossen, die Besenbrigade noch ein bißchen mehr zu ghettoisieren. Und das alles nur, um die reichen Pinkel anzulocken! Mit Erfolg, wie man in jeder Ecke Mallorcas sehen kann. Zwar sind die Dächer der Riesenvillen und Luxushotels nicht mit Goldziegeln bestückt, aber im Inneren blitzen die massivgoldenen Wasserhähne durch die Diamantglasscheiben. Na gut, das mag ein wenig übertrieben sein.

Jedenfalls begannen plötzlich die sogenannten Reichen und Schönen mit Golfschlägern bewaffnet auf der Insel einzumarschieren. Das war allerdings nicht den sündhaft teuren Werbebemühungen der Regierung zu verdanken; vielmehr erwiesen sich zwei einzelne Herren als die besten, noch dazu unbezahlten Public Relations Manager: Juan-Carlos und Michael Douglas. Ersterer ist von Beruf spanischer König. Der zweite geistert seit den »Straßen von San Francisco« durch die Leinwandgeschichte und hat durch die Existenz einer mallorquinischen Exgattin namens Diandra sein Herz so sehr an die Insel verloren, daß er das Landgut des alten österreichischen Erzherzogs Ludwig Salvator erwarb. Dorthin ließ er – und läßt noch – seinen erlauchten Freundeskreis zu regelmäßigen Barbecues nach Mallorca einfliegen. Mittlerweile hat Erzherzog Michael die *Costa Nord* gegründet, eine Kulturstiftung, die die Inselregierung in seiner Sache zum Verstummen brachte. Douglas hatte nämlich das bewilligte Bauvolumen um ein Mehrfaches überschritten. Da war es Zeit für ein Gentleman's Agreement. Außer engagierte Ausstellungen zu Umweltthemen wie den bedrohten Tierarten der Insel zu präsentieren, laden der gute Douglas und seine bildschöne Zeta-Jones auch sogenannte Top-acts zu Konzerten ein. Van Morrison spielt gerne mal auf, Compay Segundo wird begeistert von Kronprinz Felipe, Tom Cruise und Annie Leibovitz beklatscht, und auf den Einladungslisten der Familie Douglas zu landen ist zum VIP-Sport geworden. Bei den rauschenden Festen gibt es natürlich Malvasier-Wein, denn Douglas hat die vergessene Traube um den Ort Deià herum wieder anbauen lassen.

Melanie Griffith, Antonio Banderas und Pierce Brosnan tummeln sich regelmäßig in balearischen Gewässern, Virgin-Boß Richard Branson mag gar nicht mehr von der Insel fort, hat schon vor vielen Jahren das Hotel La Residencia in Deià gekauft und will nun den Besitz von Bunyola in das »schönste Hotel der Welt«

verwandeln. Im Residencia residiert Mike Oldfield immer dann, wenn er Konzerte in der Dorfkneipe improvisiert. Sir Peter Ustinov kommt schon seit Jahrzehnten nach Mallorca. Annie Lennox von den Eurythmics verkriecht sich in ihrem Haus in Puigpunyent. Die Liste ließe sich endlos fortsetzen, und die sieben bis acht Promi-Seiten, die das alte *Mallorca-Magazin* während der Hauptsaison begeistert bereitstellt, sind reichlich mit Fotos der erlauchten Gestalten bestückt. Anfangs war es die spanische Geld- und internationale Film- und Theaterprominenz, die Mallorca für sich entdeckte. Als aber immer mehr Legenden wie Jack Nicholson oder Goldie Hawn unter mallorquinischen Orangenbäumen lustwandelten und sich mit Oliven und *pa amb oli* die Bäuche vollschlugen, gab es kein Halten mehr für Otto und Renate Klein-VIP, denen Sylt plötzlich zu kalt geworden war. Eng wurde es, als auch noch Boris Becker und Claudia Schiffer (an geographisch entgegengesetzten Ecken der Insel) Landsitze erstanden. Michael Schumacher hatte übrigens ein Häuschen neben dem von Claudia, und die Gerüchteküche behauptet, er hätte es wegen des Ansturms von Paparazzi wieder auf den Markt geworfen. Wie auch immer: Die germanische Kleinprominenz konnte bei so viel VIP-Aufkommen pro Quadratkilometer unmöglich zu Hause bleiben! In Panik strömte der sich zur Partyszene zählende Regenbogenpresse-Adel hinterher. Längst eingemottete Schlagerstars der siebziger feiern auf Mallorca fröhliche Wiederauferstehung, geben Konzerte vor dem nicht mehr taufrischen, aber um so dankbareren Publikum an der Playa de Palma und fühlen sich wieder richtig wichtig.

Die deutschen VIPs halten es übrigens ähnlich wie der gebürtige Mallorquiner: Sie bleiben gerne unter sich. Auf Vernissagen, Benefizkonzerten und *Wettendass*-Galas prosten einander die immer gleichen Zelebritäten zu. Die Prominenz reicht von Charakterdarstellern über Fotomodelle, Soapstars und Rocksängern bis zu Groß- und Kleinindustriellen, Exgattinnen von Rockstars, ausgemusterten Kaffeewerbern, Gameshow- und Nachrichtenmoderatoren, aktuellen und ehemaligen Sportskanonen, Schönheitschirurgen, Galeristen – und den unvermeidlichen Immobilienhaien, die auf den weißen Westen nicht nur Rotweinflecke tragen. Darunter mischt sich der ein oder andere Steuerflüchtling, das vollbusige russische Modell, fröhliche Prinzessinnen und gelegentlich ein Porno-Produzent. Auf jeden Fall geht es immer sehr, sehr lustig zu beim launigen Visitenkartentausch. *Hasta la próxima!* – Bis zum nächsten Mal! Vor den Veranstaltungsorten versammelt sich oft das gemeine germanische Urlaubervolk, trägt Neidfaktor 20 auf der Nasenspitze und somit zur Aufrechterhaltung dieser Creme-de-la-creme-Gesellschaft bei. Die VIPs zeigen sich aber undankbar und bleiben hochnäsig auf den roten Kokosläufern hinter der Absperrung.

Wesentlich freundlicher zum Fußvolk ist da die Familie Bourbon. Juan-Carlos und Sophia sind wegen ihrer Volksnähe außerordentlich beliebt. Sie verbringen seit 35 Jahren jeden Sommer im Marivent-Palast, der sich am Stadtrand von Palma inmitten einer Touristenzone befindet. Allerdings ist er gut verborgen hinter meterhohen Mauern und üppigen Parkanlagen. Die Königin läßt sich ihre Dauerwellen gerne vom Friseur am oberen Ende der Arkaden erneuern, und außer zwei, drei Leibwächtern, die kaum die Sicht verstellen, bleibt den bürgerlichen Kundinnen freie Sicht aufs gekrönte Lockenwicklerhaupt. Der hochgewachsene Kronprinz Felipe treibt sich unterdessen mit Papa auf den Bootsstegen des *Real Club Nautico* herum und unterscheidet sich nur durch seine Körpergröße von den sportlichen Mallorquinern.

Aber zurück zum Image: Das hat in letzter Zeit doch etwas gelitten. Lästige, aber notwendige Zeitgenossen wie unterbezahlte Taxi- und Busfahrer, überlastete Fluglotsen, grantiges Bodenpersonal und gestreßte Piloten machen sich daran, dem Einreisenden die Freude an der *Insel der Seligen* zu verderben. Sie treten in Streik, an den Wochenenden mit dem höchsten Verkehrsaufkommen, zu Ostern, Weihnachten und zu Ferienbeginn im Juli und August. Dessen ungeachtet, sind die Besucherzahlen nur wenig zurückgegangen. Dazu trägt auch die hohe Präsenz der Insel in den mitteleuropäischen Medien bei. Aus naheliegenden Gründen eignet sich Mallorca prächtig als Kulisse für Werbefilme, Fernsehdramoletten, für Videoclips und Modefotostrecken. Von der Wüste Gobi und der Antarktis abgesehen, kann man auf der Insel fast jede Landschaftskonstellation simulieren. Was sich auf der Kinoleinwand als Südamerika ausgibt, ist oft gleich hinter Sa Pobla entstanden, und die Rumwerbung, die vorgeblich in der Südsee spielt, an einem Strandabschnitt von Es Trenc. Da die Insel für Teams und Darsteller schnell und preisgünstig erreichbar ist, mindestens fünf Tage die Woche die Sonne scheint, was Beleuchter einspart, und einem willige Statisten aus aller Herren Länder schon auf der Straße entgegenkommen, ist Mallorca zum meistabgelichteten Motiv der letzten Jahre geworden. Blieben vor einigen Jahren die Mallorquiner mit offenen Mündern stehen, um beim Filmen zuzusehen, sind sie mittlerweile etwas gelangweilt. Auch die Polizei ist nicht mehr so schnell mit hilfsbereitem Straßensperren bei der Hand. Neulich auf der Plaza Cuadrado stritten sich ein englisches und ein deutsches Team darum, wer zuerst dagewesen wäre. In einer Ecke wurde ein italienisch anmutendes Café für einen Werbespot aufgebaut, in der anderen hüpfte ein schönes schwarzes Mädchen zu Playbackmusik für MTV in eine bereitgestellte Mülltonne.

Eine clevere schwedische Filmfirma hat vor Jahren schon die Marktlücke erkannt und ist mit der Bereitstellung von Team und Gerätschaften vor Ort so groß geworden, daß sie von einem Minibüro in der Stadt in riesige Hallen im Industriegebiet Poligono Marratxi umgezogen ist.

Diese Medienpräsenz ist eine Imagewerbung, die die Insel nicht nur kein Geld kostet, sondern sogar welches einbringt. Leider sperren sich die Behörden immer öfter bei der Erteilung von Drehgenehmigungen und sabotieren die Filmerei durch die erwähnte Untergrabung der Hauptstadt. Aber zumindest die deutschen Sendeanstalten lassen sich nicht so leicht ins Bockshorn jagen: Im Sommer vergeht kaum ein Tag ohne Bericht über die letzten Neuigkeiten von der Germanen liebster Insel. Je nach Zielgruppe des Senders wird unverzagt das Ballermann-Gröhl-Image zementiert, über die wachsende Kleinkriminalität in S'arenal berichtet oder live von den Marmorböden der Andratx-Villen gesendet. Manchmal gibt es kulturhistorische Betrachtungen über die Insel, Empörung über die Immobilienspekulation oder die Gefahr der Verelendung unter deutschen Mallorca-Rentnern. Die Insel ist jedenfalls allgegenwärtig, und die Kommentatoren kennen jeden Winkel der Insel oder tun wenigstens so.

Als wäre es damit nicht genug, ließ die *Bild*-Zeitung in einem Sommer im Sand in der Nähe des berüchtigten *Ballermann* 100000 Mark vergraben und hetzte ihre Leser über den Strand. Mallorca als Spielplatz.

Apropos Ballermann: Ein Rätsel bleibt, wie eine kleine Trinkhalle an einem Strandabschnitt, der höchstens acht Kilometer mißt, den Ruf einer ganzen Insel ruinieren konnte. Denn eigentlich passiert am Ballermann – der in Wirklichkeit Balneario 6 heißt und zu Ballermann verballhornt wurde – rein gar nichts. Es gibt nichts zu sehen außer einen Haufen sonnenverbrannter Shortsträger mit Bierbauch überm Gummibund, die aus Plastikeimern Sangria trinken, bis ihre Apfelbäckchen rot anlaufen und die ersten lallend umfallen. Haha.

Im Grunde genommen sind die Insulaner und die Altresidenten sehr daran interessiert, daß immer wieder Schlechtes, Furchtbares, Grauenerregendes über die Sünden am Ballermann berichtet wird. Denn was können wir uns mehr wünschen, als daß endlich keiner mehr nach Mallorca kommt?

Bis dahin kann es noch dauern. Zur Abschreckung verdienen einige Schattenseiten Erwähnung: die Aidsrate etwa, die auf den Balearen die höchste in Spanien ist, wenngleich die Neuinfektionen zurückgegangen sind. Der Drogenhandel, der von Palmas Zigeunersippen aus Son Banya kontrolliert wird. Daß es *chocolate* –

Haschisch – an jeder Ecke gibt, läßt sich ja noch verschmerzen. Ebenso leicht kann aber jeder Halbwüchsige im Viertel Sa Calatrava oder um die Plaza Gomila Kokain, Heroin oder Crack erstehen. In Son Banya selbst nehmen die Besitzer windschiefer Hütten, in denen die Drogen umgeschlagen werden, bis zu 6000 Euro pro Woche – oder war es gar pro Tag? – für die Vermietung ihres Geschäftsplatzes. Und es gibt Unterkünfte, in denen sich schwarzafrikanische und maghrebinische Immigranten beinahe stapeln, weil sie illegal im Land sind und für Hungerlöhne jene Arbeiten verrichten, für die sich die Mallorquiner – und natürlich auch die Wohlstandsausländer – viel zu fein sind.

Immer noch nicht abgeschreckt? Wie wär es mit dem nicht mehr ganz jungen Sänger, der gerne halbnackt an der Playa de Palma mit Königskrone und im roten Hermelin herumhüpft und seit Jahrzehnten hinauskräht, daß er der König von Mallorca sei, stolz auf den Silikonbusen seiner jungen Frau sei und einen Forever-young-Pakt mit dem Teufel geschlossen habe? Oder mit Geschunkel im *Oberbayern*, einer der ältesten Hochburgen der Deutschen auf Mallorca? Eine besondere Folter ist auch das deutsche Inselradio *95,8*, das von einem Promimakler gesponsert wird und zwischen kargen Nachrichten, Plätschermusik und Wetterberichten aus der kalten Heimat von Laien gemachte Werbespots in den Äther sendet. *Hallo, Klaus! Hallo Otto! Was, du hast immer noch keine Möbel? Nein, ich habe immer noch keine Möbel. Ja, warum gehst du dann nicht zu Möbel Müller in Manacor? Zu Möbel Müller in Manacor? Danke, Otto! Das war eine gute Idee! Ja, Klaus, das war es! Möbel Müller!* Und so weiter ...

Eine Seite von Mallorca dürfen wir auf keinen Fall unter den Tisch fallen lassen: das Image von der Golfinsel. Fast so beliebt wie Irland, nur mit besserem Wetter. Und wenn das Wasser auch knapp wird, für die Golfplätze ist immer genug vorhanden. Der Golftourismus bringt gutes Geld, hebt das Ansehen des Eilands und ist eine clevere Investition in die eigene Zukunft. Denn wo kann der mallorquinische Politiker die besten Kontakte knüpfen, ohne die Insel verlassen zu müssen? Genau, auf dem Fairway. Und in den Clubhäusern, wo mallorquinische Politiker und finanzkräftige Industrielle aufeinandertreffen.

Ihr eigenes Image haben die einzelnen Orte der Insel: Port d'Andratx gilt als Mekka der Reichen, die sich ihr Vermögen nicht unbedingt auf die saubere Art verdient haben. Um sich davon zu überzeugen, muß man nur an einem schönen Sonnentag – also einem beliebigen Tag – am Café Consigna, auch Café Wichtig genannt, vorbeifahren. Am besten tut man das im Cabrio, damit man die Nase hoch genug hinausstrecken kann. Das linke Handgelenk mit der Rolex hängt lässig über dem Fensterrand, und hinter der Ray-Ban tut man so, als hätte man nichts und niemanden gesehen.

Puerto Portals ist von ähnlichem Kaliber. Vielleicht sind dort die Yachten noch ein Stückchen größer, die Restaurants auf jeden Fall sind besser.

Magalluf, westlich von Palma, wird als Hochburg des englischen *hooliganism* bezeichnet. Tatsächlich rühmt sich jede zweite Kneipe damit, ein fragwürdiges englisches Frühstück mit *baked beans on toast* beim Sky-Sports-TV anzubieten.

Pollença sonnt sich in dem Ruf, Mallorcas heimliche

Hauptstadt und besonders auserlesen zu sein, denn hier ist die Kunstszene zu Hause. Deià dagegen lebt elegisch von seiner Reputation als ehemaligem Künstler- und Hippiedorf, und das Image von Valldemossa ist nach wie vor vom alten Chopin und seiner schlechtgelaunten George Sand geprägt, wie sie den berühmten »Winter auf Mallorca« komponierend und dichtend vor sich hinfroren. Und von Michael Douglas natürlich, der gleich um die Ecke residiert. Die Westküste ist übrigens der meistfotografierte Landstrich der Insel und ihre optische Visitenkarte: Das Tal von Sóller, Na Foradada, La Dragonera, La Cartuja, Cala Deià, die Häuser von Lluc-Alcari – sie erschaffen den Schein eines Paradieses mit Steilküste, dramatischen Felsen, zischender Brandung ...

Zum Ruf Mallorcas, absolut »in« zu sein, tragen nicht zuletzt die Schuhe bei. Besonders die von *Camper*. Ich finde diese bequemen Alt-68er-Treter genial und erntete auch bei den jungen modebewußten Damen in London ungläubige Begeisterung: *real* Campers? Also bitte, die Schuhe sind *made in Mallorca*. Und zwar mit Philosophie und Liebe. Aus Fairneß möchte man hinzufügen: Ferragamo-Schuhe sind auch nicht übel. Und die von Stephanie Kélian und Alabedo.

Daß die Insel endlich für die jüngeren Semester an Attraktivität gewinnt, liegt an der boomenden Musikszene. Viele bekannte Popgruppen produzieren in Studios, die sich auf Fincas im Landesinneren verbergen, und geben auf der Insel Konzerte.

Mallorcas Image ist also mittlerweile ebenso vielfältig wie die Insel selbst, einer ständigen Veränderung unterworfen – und welches man sieht, liegt am Standpunkt des Betrachters. Banal, aber wahr ist, daß die Insel für jeden etwas zu bieten hat.

Deshalb, werte Inselregierung: Es ist gar nicht nötig, sich weiterhin die Köpfe über Imageprobleme zu zerbrechen. Die Insel spricht für sich selbst!

Dem Mallorquiner ist übrigens das Image seiner Heimat ziemlich egal. Er findet sie ohnehin uneingeschränkt gut. Und die ausländischen Prominenten sind für den Einheimischen auch nur Menschen auf zwei Beinen, so wie du und ich. Es sei denn, sie sind spanisch und heißen Ana Obregon oder Norma Duval. Die wiederum kaum ein Deutscher kennt ... Es kommt eben immer auf den Standpunkt an.

Fairways, Fairneß und Finanzen

Daß die Mallorquiner und Mallorquinerinnen die geborenen Sportfexe sind, geht schon aus dem Studium der Frühgeschichte hervor: Schließlich sind die Balearen nach jenen wilden Leuten benannt, die Bällchen aus Stein in die Lüfte schleuderten, teils zur Selbstverteidigung und teils aus kämpferischer Lust am Wettbewerb. Diese Sitte hat sich bis in die Neuzeit erhalten, geändert haben sich nur Material und Größe der Sportgeräte. Aus dem Steinball ist ein Golfbällchen geworden, die grobhölzerne Schleuder ist zum schimmernden Alu-Golfschläger mutiert, und statt die runden, harten Mineralienklumpen auf die Schädel barbarischer Eindringlinge zu donnern, müssen heutzutage gutsituierte Opfer in schicken bunten Mützen dran glauben. Damit die Bälle nicht unwiederbringlich in den Fluten des Mittelmeeres versinken, hat der Mallorquiner das Kampffeld auf eine kunstvoll grüne Wiese – es gibt fast einhundert Kilometer Fairway auf Mallorca – verlegt und praktische kleine Löcher in den samtweichen Teppichrasen gepokelt, damit sich dort die pokkennarbigen Golfbälle sammeln können.

Auf den achtzehn sattgrünen Golfplätzen, die sich wahllos über die ganze Insel verteilen, tummeln sich tatsächlich neben zahllosen sogenannten Qualitätstouristen auch echte Einheimische. Die dominieren bei jeder Sportveranstaltung, aktiv oder passiv. Das liegt natürlich am jüngst ausgebrochenen Wohlstand, der sogar die Menschen aus der tiefsten Provinz von ihrer gebückten Fron auf den Feldern erlöst hat. Das ging mit einer unvermuteten Einbuße an Fitneß einher, weswegen sie jetzt für ihren durchtrainierten Körper bezahlen müssen wie Hinz und Kunz aus Mittelerde.

Für die Volksgesundheit wird eine Menge getan auf der großen Baleareninsel. Allein in Palma gibt es acht riesige Fitneß-Center, auch *gimnasios* genannt, die Leibesertüchtigung nach internationalem Standard anbieten. Asiatische Kampfsportarten sind schon bei den Kleinsten sehr beliebt. Dem Sportnachwuchs wird überhaupt sehr viel Aufmerksamkeit gewidmet. Nach den Wochenenden sind die Tageszeitungen randvoll mit Gruppenfotos mallorquinischer Minisportskanonen, die in der Benjaminklasse die Kompetenz aus dem Nachbardorf rühmlich besiegt haben – ob im Fußball, Basketball, Tennis oder Schwimmen. In Son Rapinya bei Palma gibt es sogar ein Gymnasium, das sich speziell auf die Sportausbildung der Kinder stürzt und vom Volksmund als Champion-Fabrik bezeichnet wird.

Natürlich bleiben auch die *gent gran* – die großen Leute, wie die Senioren hier euphemistisch genannt werden – nicht von identitätsstiftenden Aktivitäten auf sportlicher Ebene verschont. Rührige Senioren zwischen sechzig und neunzig üben sich in rhythmischen Tänzen und Gymnastiksequenzen, die sie zu Tausenden einmal jährlich in Inca vor einem begeisterten Publikum aus Inselautoritäten und der nahen Verwandtschaft unter deren lautstarkem Beifall reproduzieren –

in bunten T-Shirts mit der Aufschrift *gent gran en marcha*, um auch damit zu konstatieren, daß sie immer »in Bewegung« sind.

Vereinssport wird auf Mallorca ganz großgeschrieben. Die Gemeinden investieren nicht unerhebliche Mengen Steuergeld in Schwimmbecken von Olympia-Ausmaßen – ganz, als hätte man nicht einen reichlich bemessenen Ozean vor der Haustür; Tennis- und Squash-Hallen und *polideportivos* – Mehrzwecksporthallen – gibt es schon in mittelgroßen Haufendörfern, und die Sportreferenten der Rathäuser fördern mit Vorliebe unangenehm laute Sportarten wie Motorrad- und Autorennsport. Gleichzeitig versichern die benachbarten Kollegen von der Polizeibehörde, daß nun wirklich der Kampf gegen die bösen Autorowdys und ohrenbetäubend durch Dorfstraßen knatternden Mopedfahrer aufgenommen würde.

Das sportliche Mallorca ist natürlich besonders stolz auf seine hausgemachten Heroen. In der Sparte Schlägersport verweisen die zuständigen Insulaner gerne auf das Tennis-As Carlos Moya. Der selbst in Korea gefeierte Europa- und zwölffache spanische Taekwondo-Meister Pedro (Pere) Campillo ist ein Mallorquiner. Und die flotte Marga Fullana, eine waschechte Insulanerin, ist Mountainbike-Weltmeisterin.

Schlau, wie der Mallorquiner ist, übt er den Sport nicht nur aus – er hat ihn vernünftigerweise auch als niemals versiegende Einnahmequelle und PR-Mittel erkannt. Auf der Insel finden jährlich internationale Tennisturniere wie das Mallorca-open statt, bei dem Prominenz aus Nord und Süd nicht nur die Schläger, sondern auch die Champagnerkelche hebt, um der stets massiven Presseabordnung zuzuprosten. Und das mitten im historischen Ambiente der Stierkampfarena von Palma.

Ebensoviel Flair hat die Segelregatta Copa del Rey, wo man Königs samt erlauchtem Anhang live bestaunen kann. Meistens sahnen Kronprinz Felipe und Infantin Cristina sowie der Herr Papa Juan Carlos gleich einige Trophäen mit ab.

Wie nicht anders zu erwarten, befindet der Mallorquiner sich gerne auf, im und unter Wasser. Entgegen allen Gerüchten ist das Mittelmeer um Mallorca herum noch nicht völlig tot; auch wenn Unterwasserfauna und -flora nicht gerade karibische Qualität aufweisen, taugen die Fluten, in denen die Insel schwimmt, immer noch zum akzeptablen Tauch-, Schnorchel-, Windsurf- und Segelrevier. Leider auch zum Jet-Skifahren, das nach meiner Meinung mit Stumpf, Stiel und Motor ausgerottet werden sollte. Die Einheimischen baden übrigens fast ausschließlich in den heißen Sommermonaten Juli und August im Meer. Der Unsitte, in den Monaten davor oder danach ins Wasser zu gehen, bringen sie wenig Verständnis entgegen. Sich lebenswichtige Unterleibsorgane zu erfrieren, überläßt der Mallorquiner gerne den verrückten Touristen, die für so einen Unsinn auch noch bezahlen, manchmal sogar mit dem Leben. Dann nämlich, wenn sie die gehißten roten Flaggen an den lieblichen Küsten ignorieren, weil sie sich nicht vorstellen können, daß die plätschernden Wellen in der hübschen Sandbucht einen Sog entwickeln können. Das Mittelmeer zu unterschätzen gelingt auch vielen überbordend fröhlichen Seglern, die die Seenotrettung jedes Jahr tropfnaß an

Land zieht, während die Planken munter nach Marokko driften.

Der eher rural orientierte Mallorquiner bewegt sich freizeitsportlich mit Vorliebe auf dem hohen Roß. Die Reitschulen auf der Insel sind nicht nur in der Hauptsaison gut gebucht; im Herbst und Frühling begibt man sich gerne auf dem Rücken der Pferde in die Sierra Tramuntana oder galoppelt die langen Sandstrände im Osten der Insel entlang. Selbstverständlich gibt es auch Reitturniere, und hier räumt Königstochter Nummer 2, Elena, gerne den einen oder anderen Pokal ab, der im Marivent-Palast auf dem Kaminsims zwischen die Segelpokale gestopft wird. Vermute ich mal.

Wer sich auf den großen Warmblütern nicht heimisch fühlt, strampelt statt dessen auf dem Fahrrad. Die Insel hat sich in den letzten Jahren zum Trainingscamp für Rennrad- und Radrennsportler gemausert. Den Horden wildtrainierender Clubs aus Frankfurt an der Oder, Wien, Antwerpen und Manacor wird von der sportbegeisterten Exekutive der Alltagsverkehr gnadenlos untergeordnet. Bei den großen Radrennen im Frühjahr sind die Inselstraßen regelmäßig für Stunden unpassierbar.

Für den gemütlichen Radwanderer ist Mallorca nach wie vor ein gefährliches Pflaster. Nur langsam wird das Netz der Fahrradwege erweitert. Ende 2001 wurde allerdings ein wirklich schönes, dreizehn Kilometer langes Teilstück eines zukünftigen Radwanderweges in der Gemeinde Llucmajor der radelnden Zunft übergeben. Das soll, versprechen die Gemeinden, nur ein Anfang sein.

Daß Mallorca ein Wanderparadies ist, hat sich ja leider auch schon in Resteuropa herumgesprochen. Zum Glück ist die Sierra Tramuntana groß genug, und die Wanderwege sind so geschickt verzweigt, daß sich die Horden von Wanderlustigen gleichmäßig verteilen. Die Pfade sind gut gepflegt, narrensicher ausgeschildert und befriedigen alle Schwierigkeitsgradgelüste. Für die, die sich selbst überschätzt haben und in Sandalchen Höhlenforschung betreiben wollen, gibt es eine Hubschrauberrettung und eine eigene Brigade der Guardia Civil. Ganz so harmlos, wie die Berge der Sierra von weitem aussehen, sind sie nicht, und jedes Jahr lassen einige leichtfertige Bergfexe ihr Leben in den mallorquinischen Bergen.

Es wird auch gemeinsam gewandert, meist unter dem Vorwand einer christlichen Wallfahrt. An der Wanderung *D'es Güell a Lluc a peu*, die jährlich im August stattfindet, nehmen bis zu 20 000 Menschen teil, die von Palma aus das 48 Kilometer entfernte, hochgelegene Kloster Lluc anstreben. Die Ausfallsrate ist in Prozenten etwa so hoch wie die Entfernung, aber die, die am Ziel ankommen – bei der Marienstatue des Bergklosters –, werden als Helden gefeiert.

Natürlich gibt es auch Reviere für Ballonfahrer, Freeclimber, Mountainbiker, Ultralight-Flieger, Drachenflieger ... Letztere haben ihre Abflugplätze in Alcúdia, Artà, Inca und Bunyola.

Fehlen nur mehr die Skifahrer. Die gibt es tatsächlich. Sie rutschen allerdings nicht an den zwei, drei Schneetagen im Januar über die rasch tauende »Piste« am Puig Major. Sie setzten sich ins Flugzeug nach Barcelona und steigen dort in den Bus Richtung Andorra. Ganze mallorquinische Schulklassen fliegen zwischen

Dezember und März in die Pyrenäen, die für diesen Zweck als natürliche Fortsetzung des mallorquinischen Bergmassives angesehen werden. Was eigentlich gar nicht so falsch ist.

Mallorca ist also, was den Aktiv-Sport anbelangt, bestens bestückt. Aber auch vor dem Passiv-Sport macht die Sportbegeisterung des Insulaners nicht halt: Die Wochenenden gehören dem Fußball, ob vor dem Fernseher oder live im Stadion. Die meisten Mallorquiner sind natürlich Real-Mallorca-Fans, und diesbezügliche Meldungen von Triumph oder Niederlage finden sich nicht nur im Sportteil der Tageszeitungen, nein, sie zieren auch die Titelblätter. Eine Niederlage am Wochenende wirkt sich montags bis mittwochs negativ auf das Bruttosozialprodukt der Insel aus, vor allem, wenn Real mal wieder ans Ende der Liga-Latte zu rutschen droht. Und wenn ein knallharter deutscher Trainer (Bernd Krauss) schuld ist am Debakel – wie es im Herbst 2001 geschah –, kriegen auch die deutschen Mitbewohner ihr Fett ab. Gewinnt Real aber, wird auf der Plaza zwischen C & A und der Bar Bosch feuchtfröhlich gefeiert und unter Polizeischutz in den sich dort befindlichen Brunnen gehüpft. Sonntags geht es in den Bars an der Ecke hoch her: Nicht nur, daß die Männer dort Domino, Parchís (eine Art Mensch-ärgere-dich-nicht) oder Karten spielen, während aus den lautstarken Fernsehern die Liga live dröhnt und den Fans die Dominosteine beim *Goooooool!* aus der Hand fallen. Bemerkenswert ist, daß die Spiele von mindestens drei, manchmal sogar mehr Kommentatoren betreut werden, die munter durcheinanderreden und keineswegs unparteiisch sind.

Selbstverständlich gibt es auch auf Mallorca mehrere Stierkampfarenen und die entsprechenden Kämpfe dazu. Hemingway hin, Kulturgut her: Ich mag das Gemetzel nicht und weigere mich an dieser Stelle, auf den unfairen Kampf Mensch gegen Huftier näher einzugehen. Olé.

Weitere Sportarten, die vor allem von Touristen auf der Insel ausgeübt werden: Sonnenbaden in den Disziplinen Sonnenbrand und Sonnenstich. Sangria-Trinken in S'arenal, natürlich, wie der Deutsche sagt, bis zum Abwinken und/oder bis der Arzt kommt. Das Überbieten von Kaufangeboten für überteuerte Fincas durch schnelles Scheckzücken. Und so weiter ...

Zwangssportarten für den Mallorca-Besucher sind dies natürlich nicht. Wie wär's statt dessen mit Tanzen? Die *gimnasios* und Tanzschulen bieten nämlich auch Kurse in Tango, Flamenco, Salsa, Samba und Lambazouk an. Für jeden. Sogar für *alemanes*.

Schaffe, schaffe, Finca baue

Über die fernsten Länder kann man schreiben, ohne auch nur mit einem Wort auf die meist vernachlässigbare Größe fremder Eindringlinge einzugehen, die dort ihren Wohnsitz haben. Wenn es sich bei diesem fernen Land aber um eine relativ kleine Insel im Mittelmeer namens Mallorca handelt, ist das nicht möglich. Denn dort tragen zur Gesamtbevölkerung von den gemeldeten 850 000 Einwohnern gut 20 Prozent Ausländer bei, mit den illegalen Einwanderern noch viel mehr. Damit liegt das Eiland an der »Überfremdungsspitze« der europäischen Regionen.

Die größte Gruppe von Neu-Mallorquinern sind deutsche Staatsangehörige. Die Dunkelziffer beläuft sich auf etwa 50 000 Germanen, die semi-legal zu Mallorquinern mutieren, also mehr als drei Monate jährlich auf der Insel verbringen. Es gibt ein fast erschreckend vielfältiges Angebot deutschsprachiger Serviceleistungen in den Anzeigenseiten der beiden auflagenstarken Postillen *Mallorca-Magazin* und *Mallorca Zeitung*.

Die Mitteleuropäer – vor allem die Deutschen – haben ja schon seit Goethe traditionell eine verhängnisvolle Sehnsucht nach dem sonnigen Süden, Orangenhainen, Zitronenbäumen und ähnlich romantischen Requisiten. Weil die Toskana nicht so gute Strände hat wie die Balearen, suchen Tausende Graupelschauergeplagte einen Wohnsitz nahe am Meer. Eine Finca oder zumindest ein *apartamento* auf Mallorca scheint die Erfüllung aller Phantasien von einem entspannten Leben und immerwährendem Glück. Die beste Garantie ist, sich ganz auf Mallorca niederzulassen – als Resident.

Um ein Resident zu werden, muß man keineswegs über eine hochherrschaftliche Residenz verfügen – eine kleine Mietfinca, eine Wohnung oder ein ausgebautes Ställchen tun es zur Not auch. Und mit den richtigen Papieren kann man sich bei der *Policia Nacional* in Palma den begehrten roten Ausweis besorgen, die sogenannte *residencia*. Die hat üblicherweise eine Gültigkeitsdauer von fünf Jahren. Der Erwerb des Ausweises bereichert den Antragsteller um die wertvolle Erfahrung, sich einmal im Leben wie der Neuzugang in einem amerikanischen Gefängnis zu fühlen: Ohne Daumenabdruck vom Tintenkissen wird einem die *residencia* von den Damen und Herren der Fremdenpolizei nicht ausgehändigt. Mit der neuen Identität als Beinahe-Mallorquiner – die Ausweisnummer ist gleichzeitig die Steuernummer – beantragen sogar Großfincabesitzer die 33 Prozent Reiseermäßigung auf Fähren und Flügen zwischen den Baleareninseln und dem Festland. Letzteres wird kurioserweise als *peninsula* bezeichnet, eine halbe Insel also, im Gegensatz zur ganzen Insel, der *isla*, die Mallorca zweifelsohne ist. Wenn das nicht Rückschlüsse auf das mallorquinische Selbstbild zuläßt ...

Jedenfalls freut sich der Neuzugang aus dem Norden, wenn er plötzlich mit den Einheimischen gleichzieht und auf der Ibiza-Schnellfähre das Ersparte in Kaffee und *bocadillos* anlegen oder zum supergünstigen Tarif nach Barcelona zum Shopping fliegen kann. Die subventionierten Transportpreise sind ein Zugeständnis der spanischen Regierung an die vom Wasser eingeschlossenen Insulaner, die die Chance bekommen sollen, die liebe Verwandtschaft auf dem Festland regelmäßig mit frischen *ensaimadas* zu versorgen, ohne sich in Schulden zu stürzen.

Daß es sich auf Mallorca gut niederläßt, hat sich längst viel zu weit herumgesprochen. Das meinen jedenfalls jene »Altresidenten«, die schon länger da sind. Sattsam bekannt ist auch, daß der Homo mallorquinus von der zunehmenden Germanisierung nicht gerade begeistert ist, aber in die saure Olive beißt, da die *guiris* aus dem Norden fast immer mit einem gutgefüllten Geldbeutel antanzen. Der Mallorquiner weiß inzwischen nicht recht, ob ihm die Pauschaltouristen, die kamen, sonnenbadeten, sich halbkrank soffen und wieder gingen, nicht lieber waren. Denn die Neuen, die sich aufführen, als würde die Insel ihnen gehören, sind nicht immer die Rücksichtsvollsten. Ist es verwunderlich, daß vor einigen Jahren ein Aufschrei durch den *Diario de Mallorca* und seine Leserschaft ging, weil ein das Sommerloch fürchtender CDUler die Balearen zum 17. Bundesland eingemeinden wollte? Im Jahre 2001 schlug ein gewisser Señor Rafael de Lacy, seines Zeichens Mitglied des Inselrates, doch noch, wenn auch spät zurück: Er empfahl, die sogenannten Qualitätstouristen aus Mallorca zu verscheuchen, da sie unanständigerweise nicht in den ihnen zugedachten Ghettos blieben, sondern inselweit ausschwärmten, wild kauften und renovierten und sogar die traditionell mallorquinische Infrastruktur gewisser Restaurants stören würden. Da hatte de Lacy aber seine Rechnung ohne einen Residenten der ersten Stunde, den deutschen Wurstfabrikanten A., gemacht. Der wärmte seine Idee wieder auf, eine deutsche Partei auf der Insel zu gründen. Nach mehreren Morddrohungen und herben Geschäftsverlusten ließ er dies jedoch fallen und bastelt seither emsig an der Gründung eines deutsch-mallorquinischen Vereins herum.

Ernstzunehmendere Politiker sprechen von einer Zukunft Mallorcas als dem »Florida Europas«. Mit diesem Begriff sollen möglicherweise die horrenden Grundstückspreise entschuldigt werden; gleichzeitig finden auch die zunehmend häufiger auftretenden Orkanböen eine Erklärung. Die jagen mindestens zweimal jährlich vermutlich wegen der Klimaveränderung über die Insel, fräsen Schneisen in die Pinienpopulation des Nordens, treiben Yachtversicherer in den vorzeitigen Ruhestand oder den Suizid, knabbern wertvolle Sandstrände weg und verbreiten Angst und Schrecken.

Trotz alledem ist nicht zu leugnen, daß Mallorca auf den Nord- und Mitteleuropäer nach wie vor eine starke Anziehungskraft hat. Die Insel vereint viele Vorteile auf sich: Sie ist verkehrsgünstig, hochtechnisiert, sonnen- und krisensicher, und es schneit höchstens zwei Tage im Jahr. In den Bergen bloß, aber immerhin. Mallorca gehört verwaltungstechnisch zu Europa, verfügt über lebenswichtige Versorger wie Ikea, Müller Markt, Filialen der Deutschen Bank, Abel-Fleischwaren, Lidl (die führen sogar den von mir lange Jahre schmerzlich vermißten Hüttenkäse!) sowie zwei Kaufhäuser, die den internationalen Vergleich nicht scheuen müssen. Die beiden deutschen Zeitungen – bisher erscheinen sie leider nur wöchentlich – versorgen den Residenten mit dem lebensnotwendigen Klatsch und Tratsch.

Mittlerweile wird des Deutschen liebstes Revolverblatt, die *Bild*, sogar auf Mallorca gedruckt – Entzugserscheinungen wegen Schneckenpostbeförderung sind also nicht zu befürchten. Dafür wartet der noch unerfahrene Mallorca-Deutsche verärgert Tag für Tag auf einen wichtigen Brief, der manchmal erst nach drei Wochen auftaucht. Die chronisch unter Personalmangel leidende staatliche Post ist der Sargnagel für jedes Geschäft! Kein Wunder, daß Kurierdienste sich die Hände reiben.

Wenn die Briefe dann endlich beim Empfänger landen, muß der sie erst aus dem Postfach seines zuständigen Amtes fischen. Wer nicht in der Stadt oder in einem Dorf wohnt, wartet vergeblich auf den Landbriefträger. Die *apartados*, die Postfächer, sind Mangelware, und viele Residenten warten lange Zeit auf das Ableben eines glücklichen *apartado*-Besitzers, um an den ersehnten kleinen Schlüssel zu gelangen. Oder betreiben mit Nachbarn ein *apartado*-sharing, was schon mal zu Streit führen kann.

Die Kurierdienste haben es auch nicht leicht, die versteckten Fincas auf dem Lande aufzuspüren. Da die meisten Feldwege und Holperpfade offiziell namenlos bleiben und die Häuser immer wieder gleiche Namen tragen (Ca'n Pau, Ca'n Fuster, Ca'n Joana), bleibt oft keine andere Wahl, als sich mit den Fahrern telefonisch an markanten Punkten zu verabreden. An der alten Eiche links, an den Mülltonnen rechts ... Aber hier hat man ja Zeit.

AOK und private Versicherer unterhalten auf der Insel Zweigstellen. Mit Deutsch und Englisch kommt man prima über die Runden, und auch wer das unbeliebte Mallorquin erfolgreich ignoriert, wird sich nicht gleich fühlen wie ein westlicher Neuankömmling – ein »Gaijin« – in Tokio.

Rund um Palma gibt es nicht nur ISDN, sondern auch ADSL plus ONO-Glasfaserkabel, damit Herrn und Frau Wichtig die Nabelschnur zu den internationalen Börsen nicht abreißt. Will oder muß der freiberufliche Resident der fliegenden Hitze entkommen, kann er sich eine Zehnerkarte kaufen und sich morgens um acht entscheiden, mittags um zwei in München, Hamburg, Düsseldorf oder Berlin vorzusprechen.

Mallorca ist das Paradies der Freiberufler. Wie die Pilze sprießen Dependancen großer Werbe- und Fotoagenturen, Immobilienmakler, Architekten, PR- und Filmfirmen oder Designerbüros in den Hinterhöfen ehemals verschlafener Altstadtpaläste. Künstler ziehen sich gerne zum Schreiben, Malen und Bildhauern für eine Weile auf die Finca – die eigene oder die von Freunden – zurück.

Firmenbesprechungen finden bevorzugt in den feinen Hotels an den Golfplätzen statt. Redakteure, Produzenten und Lektoren tun sich leicht, ihren Brotherren die Charterflugpreise aufs Spesenkonto zu buchen, um die neumallorquinischen Kreativen heimzusuchen.

Aber auch die weniger Elitären lassen sich gerne auf der Insel nieder. Von den üblichen betuchten Rentnern mal abgesehen, sind es vorwiegend Handwerker aus Deutschland, die sich unter südlicher Sonne eine neue

Existenz in ihrem erlernten Beruf aufbauen. Elektriker, Schreiner, Poolbauer, Heizungsmonteure, Klempner, Anstreicher, Frisöre, Kosmetikerinnen – kein Berufszweig, der auf Mallorca nicht auch von einem Deutschsprachigen ausgeübt würde. Und der Markt wächst und wächst. Waren es zu Beginn des Pauschalurlauberphänomens hauptsächlich Leute aus der Tourismusbranche und deren Zulieferer, so ist es heute schon der Begräbnisunternehmer, der zu Recht eine Marktlücke wittert.

Dann gibt es noch die Aussteiger: Wohlstandsflüchtlinge, die sich aus der übertechnisierten, lieblosen Welt zurückziehen und von der Neuzeit immer tiefer ins Inselinnere zurückgedrängt werden, wo sie nach wie vor unverzagt barfüßige Kinder mit Ziegenmilch großziehen, Solarzellen auf wackelig gedeckte Stalldächer schrauben und an Ideen für alternative Schulprojekte und Kindergärten basteln, aus denen nie etwas wird, weil nicht genug alternative Kinder nachwachsen. Aber zum Glück gibt es in dieser Gruppe auch talentierte Töpfer, Bildhauer und Biobauern, die die Marktszene aufs angenehmste bereichern.

Die meisten Neumallorquiner – bis auf die zuletzt erwähnten Aussteiger – erwerben Eigentum. Zum einen ist es nicht so einfach, etwas zu mieten – das spanische Mietgesetz ist dergestalt, daß Hausbesitzer sich nur ungern einen schwer hinausklagbaren Dauermieter ans Bein binden –, zum anderen gehört es zum guten Ton, eine Finca auf Mallorca sein eigen zu nennen. Nicht nur aus Prestigegründen, sondern auch als dauerhafte und stabile Geldanlage. Im Small talk schnöselt es in deutschen Landen schon längst nicht mehr: »Ach, Sie haben auch eine Finca auf Mallorca?« Statt dessen wird gleich gefragt: »Und wo auf Mallorca haben Sie ihre Finca?«

Die deutschen Bausparkassen unterhalten natürlich Zweigstellen auf der Baleareninsel, in dieser Hinsicht also stellt die Finanzierung kein Problem mehr dar. Außerdem freuen sich auch die spanischen Banken, wenn man eine Hypothek aufnimmt. Die großen Geldinstitute haben längst deutschsprachige Mitarbeiter. Waren vor zehn Jahren die Zinssätze noch horrend, so sind sie mittlerweile wirklich erschwinglich. Aber die Erbengeneration, die jetzt an der Reihe ist, kümmert das ohnehin nicht: Die blättert die Euroscheine cash aus dem Säckel auf den groben bäuerlichen Holztisch. Das freut den Makler. Eine Berufsbezeichnung, die sich nach meiner Meinung vom Wortstamm »Makel« herleiten muß. Unter den Maklern gibt es ganz klar gute und böse, wie in jedem richtigen Western. Nur kann man sie im Kino leichter auseinanderhalten. Auf der Insel ist das nicht so einfach. Die Herren wirken durch die Bank etwas zu aufgeputzt, charmant und ein bißchen ölig, die Damen eisenhart und standfest. Beiden ist eine schnarrende Stimme zu eigen, die wenig Widerspruch duldet. Und fast immer sind sie Deutsche. Es gibt auch noch den Typus des leidenden Maklers, dem man nichts abschlagen kann, weil er so traurig guckt. Wahrscheinlich ist er unbeabsichtigt in diesem unmoralischen Berufszweig gelandet, sicherlich war es nur ein Versehen oder die Schuld seiner Mutter. Diese Sorte ist meist britisch. Der mallorquinische Makler ist gedrungen, rundlich, undurchsichtig und hat viel, viel Zeit zum Mauscheln mit den ebenfalls mallorquinischen Verkäufern.

Jetzt aber fängt der Spaß erst an. Denn der Niederlassungswillige muß sich – wenn er die Makler überlebt oder sich mit ihnen arrangiert hat – mit der *tanmateix*-Mentalität des Insulaners anfreunden, also Geduld mitbringen. Eine Zusage ist nicht immer eine Zusage. Ein vereinbarter Preis kann sich schon mal ändern. Termine sind flexibel, und die Wahrheit über das steinerne Juwel am Fuße der Sierra auch recht dehnbar. Da gibt es Nutzungsrechte, die schon seit Jahrhunderten bestehen und angeblich irgendwo aufgeschrieben sind, Wege, die sich von öffentlichen in private Pfade verwandeln, je nach Verhandlungslage, bestehende Wasserrechte, die im Tausch gegen die Benützung längst nicht mehr vorhandener Ölmühlen bestehen, und eine Phalanx mallorquinischer Nachbarn, die im Zweifels- und Streitfall natürlich die Partei des Verkäufers ergreifen wird. Sind der Mallorquiner und der Mitteleuropäer handelseinig geworden, kommt schon die nächste Hürde in Sicht, eine Hürde, die dem grundehrlichen deutschen Michel den Angstschweiß auf die sich lichtende Stirn treibt: dieser unerklärliche, illegal anmutende Usus, die Kaufsumme in A-Geld und B-Geld aufzuteilen, das Geheimnis zweier unterschiedlicher Kaufverträge, schwarzes Bargeld in Koffern, weißes auf dem von der Bank bestätigten Scheck ... Das ist alles sehr verwirrend. Aber üblich. Und das Verfahren scheint allen zu nützen. Allen, außer dem Finanzamt. Der Kaufpreis in der *escritura*, dem offiziellen, notariell beglaubigten Dokument, ist wesentlich niedriger als jener im inoffiziellen Vorvertrag. Die Differenz liegt im Köfferchen. Der Käufer erspart sich so sieben Prozent Grunderwerbssteuer, und der Verkäufer spart die gefürchtete Wertzuwachssteuer. Wenn Ausländer von Ausländern kaufen, findet diese Schwarzgeldtransaktion meistens diskret über ausländische Konten statt. Der Mallorquiner dagegen liebt es, wie Onkel Dagobert das Bargeld in den Fingerchen zu fühlen, und bedauert den Abschied von der Peseta sehr. Schwarz-Euros sind zahlenmäßig einfach weniger dramatisch als Peseten. Immerhin entspricht ein Euro 166 guten alten *pelas*. Aber immer noch gehen ziemlich große Bündel über den Tisch, und sogar der Notar zählt schon mal mit, obwohl er offiziell ja keine Ahnung von diesem Geschäft haben darf. Und natürlich kaufen auch Finanzbeamte ihre Häuser auf die gleiche illegale Art.

Ein Haus zu kaufen ist dennoch relativ einfach im Vergleich zu den ersten Schritten im mallorquinischen Alltag. Denn erst mal will das Haus umgebaut sein. Spätestens jetzt steht eine Konfrontation mit dem Mallorquiner und seinem ungewohnten Temperament bevor. Die Insel bildet ausgezeichnete Handwerker aus, die verlangen allerdings viel Geduld. Außerdem gibt es weniger Handwerker als Leute, die Handwerker brauchen, und auch hier diktiert das Gesetz von Angebot und Nachfrage die Preise und die Liefergeschwindigkeit. Vor allem kleinere Arbeiten werden ungern angenommen, aber natürlich niemals offen abgelehnt. Da empfiehlt es sich manchmal, einen netten marihuanarauchenden mitteleuropäischen Aussteiger einzustellen, der arbeitet üblicherweise verläßlicher, wenn auch nur halb so gut.

Aber eines ist beruhigend: Der Mallorquiner werkt nicht nur nach seinem eigenen Mondphasen-Tempo, er fällt auch nicht mit der Rechnung ins Haus. Dafür auch nicht mit der bestellten Tür. Manchmal wird die Rechnung neun Monate später fast beiläufig vorbeigebracht. *(Ich war zufällig zum Pilzesammeln in der Gegend...)* Die einheimischen Handwerker vertrauen den Ausländern, und die wiederum tun gut daran, den Handwerkern zu vertrauen. Da Termine nicht eingehalten werden, empfiehlt es sich, einfach die Haustür offenzulassen, einen Zettel auf den Küchentisch zu legen und sich zu freuen, wenn sich herausstellt, daß der Fernsehmechaniker zufällig vorbeigeschaut hat, während man selber einkaufen war. Auch der Havariedienst der *Telefonica* funktioniert nach diesem Prinzip.

Übrigens nimmt kein Mallorquiner gerne telefonische Aufträge entgegen oder gibt Auskunft mittels Fernsprecher. Der persönliche menschliche Kontakt ist wichtiger. Auch bei Reklamationen empfiehlt es sich, in regelmäßigen Abständen beim gar nicht schuldbewußten Schreiner, Klempner, Elektriker aufzutauchen, wo man bald wie ein alter Freund begrüßt wird. Da wird dem Fremdling wieder einmal klar, daß der Orient nicht weit ist. Ausatmen! Und genießen!

Was die Qualität der Materialen betrifft, ist Mallorca durchaus konkurrenzfähig. Die Zeiten sind vorbei, in denen der Residente ganze Badewannen gefüllt mit Armaturen aus Deutschland herankarrte. Einzig die Schreinerei läßt ein wenig zu wünschen übrig. Holz ist natürlich nicht das Material der Wahl für den mallorquinischen Bau, und Leute, die partout einen Holzfußboden haben wollen oder gar festschließende Türen und Fenster, können immer noch ihr blaues, verzogenes Wunder erleben.

Rom wurde nicht in drei Tagen erbaut, und eine

Finca auf Mallorca renoviert man nicht in einem Jahr. Man rechnet besser mit zwei bis drei. Und es ist anzuraten, diese Zeit als Lehrzeit im mediterranen Lebensstil zu betrachten. Die Häuser hier wachsen organisch, und Improvisation macht kreativ und glücklich.

Die praktische Seite des Seßhaftwerdens ist auch mit bürokratischen Hürden gespickt. Darauf kann man sich entweder einlassen und das Rennen von einem Amt zum nächsten und das Schlangestehen vor Schaltern als Sportdisziplin betrachten – oder man nimmt sich einen *gestor*. Diese wunderbare, typisch spanische Einrichtung ist eine Mischung aus einem Anwalt, einem Steuerberater und einem persönlichen Kurierdienst. Der *gestor* ist auch für die Einheimischen unentbehrlich. Ob es sich um das Ummelden eines Autos handelt (was, wenn man es selbst macht, Wochen oder Monate dauert), um eine Baubewilligung, um den Antrag auf ein Antragsformular, die Steuererklärung oder die *residencia* – der *gestor* kümmert sich darum. Die Ämter haben eigene Schalter nur für die Vertreter der Gestorias.

Will man aber endlich sein Leben genießen und in Ruhe Zeitung lesen (*Bild* wird auf der Insel gedruckt, *Spiegel*, *Focus* und *Stern* gibt es einen Tag nach dem deutschen Erscheinungstermin), stört nur noch eines: die Kinder. Aber auch für die ist gesorgt. Eine ganze Latte internationaler Schulen, die hauptsächlich im Westen von Palma angesiedelt sind, bietet private Dienste an. Es gibt eine amerikanische Schule in Portals Nous, eine französische beim Castillo Bellver und zwei englische gleich hinter Cala Mayor. All diese Schulen befördern die Kinder bis zum Abitur und machen sie fit für das Studium in den USA und im restlichen

Europa. Natürlich kosten diese Bildungsstätten Geld, und man könnte die Kinder auch auf staatliche spanische Lehranstalten schicken, die umsonst sind. Aber das tun sogar die Mallorquiner ungern, insofern sie sich die teuren Privatschulen leisten können. Sie schätzen die dort herrschende Disziplin und den nivellierenden Effekt der Schuluniformen, die dem Markenterror den Garaus machen. Deutsche Schulen werden immer wieder gegründet und gehen wieder ein. Anscheinend finden die meisten deutschen Residenten, daß ihre Kinder als Erstsprache Englisch lernen sollen, gefolgt von Spanisch und Deutsch. Mallorquin spielt – noch – eine ziemlich untergeordnete Rolle in den internationalen Schulen. Wenig bekannt ist, daß in Palma seit vielen Jahren eine große, progressive Schule existiert, die von ihren mehr als zweitausend Schülern selbst verwaltet wird. Natürlich gibt es auch eine Universität, die einen sehr guten Ruf hat. Nur zum Medizinstudium muß der angehende Arzt nach Barcelona.

Fühlt der Resident sich einsam, kann er dem deutsch-spanischen Kulturverein beitreten, wo aber, hört man, relativ wenig los sein soll. Die sozialen Kontakte der Deutschen sind meist auf gemeinsames Kochen im Freundeskreis oder Konzertbesuche beschränkt, auf die ein oder andere Party und den Strandausflug. Esoteriker treffen sich schon mal beim Singen von Mantras oder in der Yogagruppe. Wer wirklich vereinsmeiern will, sollte schleunigst Mallorquin lernen oder versuchen, sich bei den Briten einzuschmeicheln. Die nämlich sind Weltmeister im Organisieren von Gemeinschaftsaktivitäten, angefangen von Flohmärkten zur Rettung streunender Hunde bis zu Wohltätigkeitsbasaren für Hungernde in aller Welt, sie veranstalten Chorsingen und Kurse für unterschiedlichste Interessen, betreuen einsame Mitbürger und backen hervorragende Apfelkuchen, vor allem um Weihnachten herum.

Also alles paletti auf der Insel des Lichts? Strom endlich im Haus? Kinder in der Schule? Die Aktien boomen, der Internetanschluß funktioniert, der eigene kleine Laden, die Bar, der Dienstleistungsbetrieb läuft? Die sonnendurchfluteten Tage bringen Licht in die Seele, Jubel ins Herz, das Glück ist Dauergast auf der Fincaschwelle?

Leider sieht die Realität oft anders aus. Banal, aber deswegen nicht weniger richtig: Wo viel Licht ist, ist viel Schatten. In diesem Fall manchmal zuwenig davon. Denn das ersehnte laue Klima entpuppt sich in den Sommermonaten als mörderischer Backofen, dem man nur schwer entkommen kann. Im Winter knirschen die Gelenke unter der ungewohnten Feuchtigkeit, gegen die nicht einmal die schicke Marmorheizung anbullern kann. Die erhoffte Lebensfreude zeigt sich nur auf den Gesichtern feixender Einheimischer. Als man noch regelmäßig in Urlaub nach *Mallo* flog, sah alles viel einfacher aus! Und jetzt das! Zum Glück gibt es bei Verzweiflungszuständen auch deutsche Psychologen, Therapeuten und die deutsche Seelsorge. Adressen besorgt das deutsche Konsulat, das gleich über der deutschen Arztpraxis residiert. Dort gibt es auch die Anschrift des deutschen Altersheims und gegebenenfalls die des deutschen Beerdigungsunternehmens.

Doch so weit muß es nicht gleich kommen, wenigstens nicht vor der Zeit. Notfalls kann man die Insel auch zwanglos wieder verlassen. Und das tun mehr Leute, als man glauben mag. Spätestens dann, wenn eine Erkenntnis sie wie der Blitz trifft: Vor den Problemen mit dir selbst kannst du nicht wegrennen – die ändern sich nicht mit dem Wetter. Viele aber trauen sich nicht mehr nach Hause. Vielleicht haben sie den Anschluß verloren, keine Familie mehr in nördlichen Breiten, oder einfach Angst, als Versager dazustehen. So erklärt es sich, daß es gerade unter den Residenten viele Alkoholiker, Drogen- und Tablettensüchtige gibt. Die entsprechenden Vereine haben sich seit einiger Zeit auf eine internationale Klientel eingestellt und registrieren regen Zulauf von Deutschen, Briten und Skandinaviern, die den Boden unter den Füßen verloren haben.

Wer sich als Ausländer hier nicht die Mühe gibt, die Sprache zu lernen oder sich ein verläßliches soziales Umfeld aufzubauen, kann schnell in die Verelendung – finanzieller oder psychologischer Natur – abrutschen. Viele Menschen im letzten Lebensviertel ziehen es dann doch vor, zurück in die alte Heimat zu gehen, in der Hoffnung, dort wenigstens in der Sprache Geborgenheit zu finden. Die steigenden Preise auf Mallorca haben ihr Übriges dazu beigetragen, älteren Residenten das Leben schwerzumachen: Wer vor vielen Jahren mit einer geringen Rente nach Mallorca »ausstieg«, konnte ein beinahe luxuriöses Leben in einer kleinen Mietfinca führen und sich preisgünstig ernähren. Aber die Rentenanpassung hat leider nicht mit dem galoppierenden Wohlstand auf den Balearen mithalten können; aufwendige Renovierungen auf der Finca durch den Besitzer machen es den alten Mietern unmöglich, die gestiegenen Kosten mitzutragen, und billigere Bleiben finden sich nicht mehr. Die Preise der deutschsprachigen Seniorenheime, die es natürlich ebenfalls gibt, sind von einer Sozialrente ohnehin nicht zu decken.

Wie stark die Präsenz der Deutschen auf der Insel ist, zeigt sich nicht nur in den Touristengebieten, wo Speisekarten auf deutsch an der Tagesordnung sind, vielmehr ist es der Alltag in der Provinz, der einem erschreckend klarmacht: Sie sind überall. Bei Wanderungen in der Sierra de Tramuntana ist es ganz selbstverständlich, auf deutsch nach dem Weg gefragt zu werden. Sogar ein spanisches Auto zu fahren reicht nicht als Camouflage. Der wanderbeschuhte deutsche Naturliebhaber geht davon aus, daß ein Resident am Steuer sitzt. Und mehr als einmal ist es mir passiert, daß das Telefon klingelte und sich jemand verwählt hatte – ein Deutscher, der keineswegs darüber verblüfft schien, daß sich am anderen Ende ebenfalls ein Deutschsprachiger meldete, wenn auch mit einem »Si, diga?«.

Wer will, kann sich auf Mallorca schlafwandlerisch in einem fast rein germanischen Kosmos bewegen und wird kaum Berührung mit den Einheimischen »fürchten« müssen. Doch manchmal läßt sich der Kontakt nicht vermeiden, und dann wird dem ignoranten Neu-Mallorquiner schlagartig klar, daß *er* hier der Ausländer ist. Obwohl das bei manchen Vertretern der Art »Kolonialherr« ganz schön lange dauern kann. Als eine Freundin, die eine Baufirma besitzt, einen deutschen Kunden durch die Straßen von Búger begleitete, marschierte der Mann mit Herrenmenschenattitüde schnurstracks in eine zufällig offenstehende Tür, hinter der eine steinalte Frau an einem Pullover strickte, ignorierte die alte Mallorquinerin und tönte ungeniert, daß er dieses Haus sofort zu kaufen gedenke. Dieser Herr wird sich vermutlich niemals darüber wundern, daß die Mallorquiner ihn nicht duzen wie andere Leute, die sie gerne mögen. Statt dessen wird ihm das höfliche *usted* für immer erhalten bleiben, und der spöttische Unterton läßt sich leicht überhören.

Aber um der Wahrheit die Ehre zu geben – die deutschen Residenten sind besser als ihr Ruf. Nur leider ist es auch hier so, daß der häßliche Deutsche sich einfach lautstärker bemerkbar macht als derjenige, der sich darum bemüht, ein wenig Mallorquin zu lernen, sich mit Kultur und Geschichte des Archipels beschäftigt und begreift, daß er auf Mallorca nur ein Gast ist und das auch immer bleiben wird. Möglicherweise haben seine Enkel die Chance, als echte Mallorquiner anerkannt zu werden. Sicher ist das keineswegs! Und eigentlich muß es ja auch nicht sein. In wenigen Jahrzehnten wird sich vielleicht auch der Insulaner daran gewöhnt haben, daß es so etwas wie ein Europa gibt ...

Salud und *insalud* –
wenn das Paradies krank macht ...

Daß ein Besuch oder gar das Leben auf Mallorca der Gesundheit und Langlebigkeit förderlich sind, ist schlichtweg eine fromme Lüge. Zwar kann sich ein Ortswechsel schon mal positiv aufs Seelenleben auswirken – aber das muß nicht so sein.

Die Insel ist allen Gerüchten zum Trotz kein Ort, an dem die Jungbrunnen nur so aus dem Boden quellen. Der Altersdurchschnitt ist alarmierend niedrig. In der europäischen Krebsstatistik ist das Inselparadies im Mittelmeer unter den ersten zehn zu finden. Alternativmediziner führen diesen Umstand auf Erdstrahlen, unterirdische Wasseradern und den Puig Mayor zurück. Auf diesem höchsten Gipfel der Balearen strahlt im Dienste der militärischen Sicherheit eine Radaranlage der Nato vor sich hin. Sie kocht die Zellen der bedauernswerten Menschen im Wirkungsbereich des Strahlenkegels mikrowellenmäßig weich, behaupten die wackeren Warner. Die sogenannten Schulmediziner halten solche Aussagen für Humbug, ebenso wie sie die angebliche Bedrohung durch summende Mobilfunkantennen auf die leichte Schulter nehmen. An der erhöhten Mortalitätsrate trügen allein der wahnsinnige Verkehr, die mangelnde medizinische Infrastruktur, die schlechten Eßgewohnheiten und – überraschend – das Klima die Schuld.

Mallorca hat entgegen der gängigen Meinung ein Klima, das die Korrosion nicht nur von Autos fördert. Feuchtwarm im Sommer, feuchtkalt im Winter – das ist, meint ein bekannter deutscher Inselmedikus, Gift für den gesamten Organismus. Die Allgegenwart von Schimmelpilzsporen macht sich in vielen Bronchien bemerkbar, und das Überangebot an Pinienpollen bringt selbst den abgehärtetsten Allergiker zum Verzweifeln. Wer dafür empfänglich ist, entwickelt hier schon in jungen Jahren rheumatische Leiden. Dem versuchen die Einheimischen mit obskuren Wundermitteln wie Gelenk-Besprechungen bei der diensthabenden Dorfhexe entgegenzuwirken. Die Residenten greifen beim ersten Anzeichen arthritischen Zwackens in Panik zum Golfschläger.

Handelsvertreter von Rheumadecken führen auf der Insel ein Leben wie die Made im Speck: In der kühlen Jahreszeit schnaufen mit Rentnern und besagten Vertretern vollbepackte Reisebusse in abgelegene Ausflugsrestaurants, aus denen es kein Entkommen gibt, dafür aber gratis Melitta und einen kostspieligen Rheumadeckenvertrag.

Für Herz-Kreislauf-Erkrankungen ist Mallorca der ungünstigste Ort. An den Straßenrändern kann man im Sommer mit schöner Regelmäßigkeit den einen oder anderen kollabierten Jogger, Powerwalker oder Radler auflesen, der die Belastung der feuchten Hitze unterschätzt hat.

Aber auch Menschen mit weniger riskanten Lebensgewohnheiten erwischt ab und zu ein Bakterium oder ein ausgerissener Virusstamm. Vielleicht ist es ein Sturz von der Leiter beim Einrichten der neuen Finca? Touristen erliegen der beliebten Darminfektion, Quallenverbrennungen oder dem galoppierenden Kater. Das macht einen Arztbesuch manchmal unumgänglich.

Wie sieht es also mit der medizinischen Versorgung aus? Wäre diese Gebrauchsanweisung Anfang der neunziger Jahre verfaßt worden, wäre das Urteil vernichtend ausgefallen. Zustände wie in Lambarene am staatlichen Krankenhaus Son Dureta, Chaos in gammligen Labors, schlecht ausgebildete Ärzte – all das gehört der Vergangenheit an. Mit dem Wohlstand und reichlichem Geldsegen aus Madrid und Brüssel hat sich die Qualität der medizinischen Versorgung sprunghaft verbessert. Die diagnostische Medizin ist auf dem neuesten technischen Stand, und es gibt jede Menge Ärzte. Es hapert nur noch an den Krankenhausbetten. Statistisch teilen sich eintausend Kranke ganze zwei Betten – da wird's eng, wenn man kein Privatzahler ist. Palma verfügt neben einem staatlichen Krankenhaus über ein Dutzend Privatkliniken von hohem Standard. Die meisten befinden sich in der Nähe des Schlosses Bellver, und das Personal ist international. Das Bettenangebot in der staatlichen Gesundheitsversorgung hat sich Anfang 2002 mit der Eröffnung des Krankenhauses Son Llátzer in Palma verbessert. In nicht allzu ferner Zukunft sollen auch im neuen Krankenhaus von Inca weitere Betten zur Verfügung stehen.

Dennoch: Das *mañana*-Prinzip verhindert wahre paradiesische Zustände. Wer nur Mitglied der staatlichen Pflichtversicherung *Insalud* ist, darf warten, manchmal so lange, bis dem Gevatter Tod die Geduld ausgeht. Einen Schlaganfall oder Herzinfarkt sollte man im Umkreis von zwanzig Kilometern um die Hauptstadt erleiden, ansonsten wird es nichts mit der überlebenswichtigen Notfallbehandlung. Zwar gibt es diverse UVI-Mobile – *Unidades de vigilancia intensiva* –, aber ehe die sich in Bewegung setzen, ist meistens zuviel Zeit vergangen für die ächzenden Gehirnzellen und Herzkranzgefäße. Die Luftrettung kommt selten zum Einsatz, und der einzige Privathubschrauber einer deutschen Rettungsgesellschaft stürzt schon mal in die Büsche und wird sich selbst zum Notfall. Was nützen die schönsten Operationssäle, die modernste Diagnostik, wenn private Krankenwagenfirmen sich gegenseitig Konkurrenz machen und Patienten nur in jene Kliniken transportieren, mit denen sie undurchsichtige Handschlagverträge haben?

Die Touristenorte verfügen übrigens an jeder dritten Ecke über sogenannte *centros médicos*, die auf Notfallbehandlung der üblichen Durchfall- und Erkältungskrankheiten, gebrochene Beine und ähnliche Kalamitäten spezialisiert sind. Wer eine Reisekrankenversicherung hat, wird die Arztkosten problemlos erstattet bekommen, muß aber vor Ort bar bezahlen.

Treffen in den Krankenhäusern Einheimische, Residenten und Touristen ohne Unterschied, nur nach Geldbeutel – d. h. Versicherungsart – sortiert, aufeinander, so sieht das bei der Ärztekonsultation anders aus. Da existieren in einander nicht tangierenden Parallelwelten der Gesundheitsservice der Mallorquiner und jener der Residenten und Urlauber. Ein Resident sucht meist einen deutschen Allgemeinmediziner auf (es gibt nur wenige englische Ärzte), der ihn wiederum zu einem deutschen Internisten, deutschen Gynäkologen oder Kinderarzt überweist. Mittlerweile gibt es ein deutsches

Labor, deutsche Arzthelferinnen, MTAs, Chiropraktiker, Krankengymnasten, das Kräuterhaus St. Bernhard und ein eigenes deutsches Krankenhaus gleich hinter S'arenal. Eine kleine, feine germanische Medizinwelt, die ausschließlich Privatpatienten oder Selbstzahler bedient. Das bedeutet geradezu himmlische Zustände für jene, die es sich leisten können. Und das können mehr als gedacht, denn auf der Insel gibt es Privatversicherungen zu erstaunlich günstigen Konditionen.

Die Verlockungen der Insel – Sonne, Meer, die eigene Yacht im Hafen und ein geruhsames Leben – haben so viele Ärzte nach Mallorca gebracht, daß der Patient die Wahl hat. Praxisgemeinschaften buhlen mit Spezialangeboten um die betuchte Klientel. Haben sich bis vor wenigen Jahren die deutschen Mediziner bis aufs Skalpell befehdet, um einander Durchreisende und Residenten streitig und bei der Gelegenheit gleich den Kollegen madig zu machen, so bereitet die natürliche Auslese dieser unwürdigen Situation ein Ende. Die schwarzen Schafe, die hinterm Giftschrank Grundrisse für sündhaft teure Wohnungen hervorzaubern, der Patientin zusammen mit der Rechnung einen Call-back-Telefonvertrag aufschwatzen wollen und statt der geforderten Ohreninspektion auf die reparaturbedürftigen Knitterfältchen der Dame in den besten Jahren schielen, haben halbleere Wartezimmer und studieren die Fährpreise für die Rückfahrt. Ungewohnt ist auch der Anblick von Kleinanzeigen, in denen die Äskulapjünger mehr oder minder diskret für sich selbst die Werbetrommel rühren – oft unter Anführung ihrer Kompetenz in Fragen des Anti-Aging.

Im Augenblick liegt ein deutsches Ärztehaus nicht

unweit vom Fährhafen in Führung, weil es das beste Betriebsklima hat und die Ärzte, die ihren Patienten gerne eine halbe Stunde und mehr widmen. Und der deutsche Mediziner der ersten Stunde, der seit vielen Jahren nicht weit vom Café Lirico die Stellung hält, sich neumodischen Hightech-Methoden verweigert, aber das Leben seiner Patienten in- und auswendig kennt, ist ein echtes Geschenk.

Soviel Lob man auch über die deutschen Heilkundigen ausschütten kann – es gibt keinen Grund, die spanischen Doktoren zu meiden. Mit Ausnahme des ein oder anderen vergreisenden Dorfmedikus, dessen Wissensstand im Jahre 1950 steckengeblieben ist, ist das Gros der Mediziner nach höchstem Standard ausgebildet; Barcelona hat eine ausgezeichnete medizinische Fakultät, und viele Ärzte haben in Madrid studiert. Dennoch behandeln in einigen Dörfern männliche Gynäkologen ihre Patientinnen nur in Anwesenheit einer Assistentin und – ganz orientalisch schamhaft – unter einem moralisch sauberen Laken.

Viele der Zahnärzte kommen kurioserweise aus Argentinien; dort scheint der Zahnarztberuf sich großer Beliebtheit zu erfreuen, was vielleicht an den vielen Steaks liegt, an denen der Argentinier sich alle Zähne ausbeißt. Jedenfalls sprechen die *dentistas* ein wunderschön weiches, gut verständliches Spanisch, was beim Bohren einen beruhigenden Effekt ausübt. Und natürlich gibt es Spezialisten für Zahnimplantate, und ein deutsch-amerikanisches Spezialisten-Pärchen aus Portals Nous beschäftigt gar eine Zahnstylistin, die jahrzehntelang die Celebrities in Hollywood mit blinkendem Zahnschmelz versorgt hat.

Auch wer mehr zur sanften Medizin neigt, wird auf Mallorca auf seine Kosten kommen. Die Insel entwikkelt sich zu einem Eldorado für Alternativmediziner. Heil- und Chiropraktiker, der eine oder andere Dr. Yin und Dr. Yang, Homöopathen aus aller Herren Länder, Reiki, Rebalancing, Hypnosetherapie, Pilates, Atemtherapie, Cranio-Sacral-Therapie, Wickelbehandlungen, Heilmassagen, Aqua-Wellneß und Psychotherapeuten. Wurden die Adressen der Heilkundigen bis vor kurzem durch Mundpropaganda verbreitet, widmen sich jetzt auch die Zeitungen mehr und mehr der Information über die Alternativen zur Schulmedizin.

Das Apothekennetz ist weitverzweigt, der Berufsalltag eines mallorquinischen Apothekers von unbekümmerter Sorglosigkeit geprägt. Es kann schon passieren, daß man nach einem rezeptfreien Antiallergikum fragt und mit einem berauschenden Medikament heimkehrt, das einen eine ganze Disko-Nacht lang aufputscht. Antibiotika werden ohne jegliches Schuldbewußtsein über den Tresen geschoben, und rezeptpflichtige Hormone zu erhalten ist überhaupt kein Problem. Dazu kommt, daß die Preise für viele Medikamente um beinahe ein Drittel unter denen in Mitteleuropa liegen. Ob durch die Umstellung auf den Euro diesem Mekka für Medikamentenabhängige ein Ende bereitet wurde, muß sich erst erweisen.

Wer ins Krankenhaus muß, um sich röntgen zu lassen, sollte neben den alten Leuchtbildern viel, viel Zeit und Lesestoff mitbringen. Es kann sehr lange dauern, auch wenn man schon Wochen vorher einen festen Termin vereinbart hat. In der klaustrophobischen Diagnoseröhre des Kernspintomographen bin ich auch schon mal ein Weilchen vergessen worden, weil der Röntgenassistent ein *bocadillo* holen gegangen war – also besser vorher ein Schlafmittel geben lassen! Auch gewisse Herzlosigkeiten muß man über sich ergehen lassen. So drohte man meinem achtjährigen Sohn vor seiner Blinddarmoperation, daß er seine Eltern nicht wiedersehen würde, wenn er nicht zu weinen aufhöre. Gelobt sei, was hart macht!

Aber das sind Ausnahmeerscheinungen.

Das Krankenhausessen ist natürlich miserabel, wie überall auf der Welt, wahrscheinlich, um sich den Patientenstamm zu erhalten. Ansonsten kann es im Krankenhaus recht vergnüglich zugehen, da ein Patient selten allein kommt. Meistens hat er die ganze Familie im Schlepptau, von der jammernden Oma bis zum greinenden Kleinkind. So wird auf den Zimmern gepicknickt, Musik gespielt, und wenn eine Krankenschwester hereinkommt, dann nur, um im Auftrage bärbeißiger deutscher Zimmernachbarn vergeblich um etwas Ruhe zu bitten.

Ein etwas anrüchiges Kapitel ist das der plastischen Chirurgie. Immer mehr Damen und Herren verflüchtigen sich nach Mallorca unters Messer, um »gut erholt« zwei Wochen später nach Hause zurückzukehren. Diese Marktlücke haben auch einige zwielichtige Gestalten erkannt, die zwar Ärzte sind, aber nur über Minimalerfahrungen in der kosmetischen Chirurgie verfügen. Und die Angewohnheit, Promi-Ästheten aus Berlin oder München über die Feiertage zur Operation einzufliegen und die Patienten von einem unerfahreneren Kollegen nachbetreuen zu lassen, ist mehr als fragwürdig. Diesen eiligen Spezialisten sollte man im eigenen

Interesse besser fernbleiben. Unter Residenten kursieren Schauergeschichten von verstümmelten Nasen, plissierten Bauchdecken und verpfuschten Brüsten.

Harmlos dagegen und wesentlich angenehmer ist der »Wellneß«-Trend. Immer mehr Hotels bieten entspannende Schönheitsbehandlungen und Massagen an, und bald soll das alte Kurbad in Campos zu neuem Leben erweckt werden.

Fazit: Um sein Leben braucht man auf Mallorca nicht mehr zu fürchten als in anderen europäischen Ländern auch. Der Umgangston mag manchmal etwas rauher sein, die Behandlung etwas ungewohnt. Besser dreimal nachfragen, keine Sprachprobleme zwischen Arzt und Patienten aufkommen lassen – den Rest wird das Schicksal schon erledigen.

Falls es wirklich zum Schlimmsten kommt, gibt es einen deutschen Leichenbestatter auf der Insel. Und in mallorquinischer Erde ruht es sich immer noch besser als unter einer kalten Schneedecke irgendwo hinter Hamburg.

Was die Piraten nicht klauen konnten

Der größte Schatz von Mallorca liegt nicht in einer der vielen Piratenhöhlen versteckt – er zeigt sich im Gegenteil ganz offen in voller Pracht. Darf ich vorstellen – Mallorcas Natur. Überwältigend. Wunderschön. Und für die gängigen Superlative viel zu schade.

Obwohl die Insel mit 3614 Quadratkilometern relativ klein ist, finden sich wie auf einem Minikontinent die unterschiedlichsten Landschaften. Da ist die schroffe Steilküste des Nordwestens, hinter der sich die Berge der Sierra de Tramuntana erheben, mit steilen Felsmassiven, mehr als dreißig Gipfeln, die über tausend Meter messen, und Wäldern voller Steineichen und Pinien.

In der Inselmitte breitet sich die fruchtbare Ebene des Es Plá aus, die den Bauch der Insel bildet. Hier stoßen die weiten Felder von Süden und Osten auf das kleine Ostgebirge, die Sierra de Llevant. Dort verbergen sich die Höhlen von Drac und Hams und eine Reihe geheimnisumwitterter Unterwasserhöhlen wie die Sa Gleda, die längst noch nicht voll erforscht sind.

Und dann, nicht zu vergessen, die prachtvollen Küsten. Auf einer Länge von mehr als 550 Kilometern umplätschert und umtost das oft unterschätzte Mittelmeer die Insel der Stille; trotz des Tourismus und der Bauwut finden sich immer noch viele kleine, fast unberührte Buchten, die man nur vom Meer aus mit dem Boot erreicht. Ein besonderes Erlebnis ist es, Mallorca an Bord einer Yacht zu umrunden – und sich darüber zu wundern, wie leer das Eiland wirkt!

Wäre Mallorca nicht mit diesen Naturschönheiten gesegnet, wäre die Insel längst unter dem Ansturm des neuzeitlichen Tourismus in die Knie gegangen. Aber mit einem gewaltigen Gebirgsmassiv, das sich durch seine Unzugänglichkeit einer schnellen Eroberung widersetzt, ist sie beinahe unbesiegbar. Wie ein Schutzwall ragen die Berge um den höchsten Gipfel des Puig Major auf, den nur das einheimische Militär mit einigen häßlichen Gebäuden und die Nato mit ins All lauschenden Mickymausohren verunzieren. Vielleicht benützen die Geheimdienste ja auch einen der vielen Schmugglerpfade, auf denen schon die Piraten anno dazumal ihre Sore in die Sicherheit geheimer Tropfsteinhöhlen brachten? Die Magie der Sierra fühlen natürlich auch die vielen Gäste der Insel. Es sind nicht nur die Strände, die sie immer wieder zurück in dieses Paradies im Mittelmeer locken. Es sind oft auch die Berge.

Mallorcas Natur ist ein Geschenk des Himmels. Das sehen zum Glück auch die meisten Inselbewohner so. Schon von klein auf bekommen die Kinder ihre Portion Natur mit der Muttermilch eingeträufelt. Hinaus in die Natur zu gehen steht im Familienprogramm ganz oben. An den Wochenenden zieht es Hunderte von Wanderlustigen in die Berge. Sogar die Städter scheinen jeden Gipfel mit Namen zu kennen, geben die magischen Geschichten, die sich um die Berge ranken, an die Kleinen weiter, unterscheiden zwischen Eßbarem und Giftigem und sind, mit einem Wort, sehr naturverbunden. Diese Eigenschaft scheint sich mit zunehmender Technisierung der Gesellschaft noch deutlicher auszuprägen. Wanderungen durch die Sierra stellen die Balance wieder her, und Probleme scheinen sich in Nichts aufzulösen – auch jene mit der Umwelt. Denn die gibt es, und nicht zu wenige!

Aus der Sierra de Tramuntana kommt das Quellwasser, um das die Inselbewohner jeden Sommer bangen. Jahre fortdauernder Trockenheit haben Mallorca, genau wie alle anderen Mittelmeer-Anrainerstaaten, in eine heftige Krise gestürzt. Der Inhalt der beiden Stauseen Cuber und Gorg Blau, die nahe am Puig Major die Wasserversorgung der Insel sicherstellen sollen, geht oft schon Anfang August zur Neige, und mancher Wasserwerker zählt panisch die Tage bis zu den ersten Herbstregenfällen; die stellen sich manchmal – wenn überhaupt – erst im Oktober ein. Ein Aufatmen ging im Herbst 2001 durch die Bevölkerung, als heftige Stürme und Regenfälle das Wasserniveau der Stauseen innerhalb von zwei Novembertagen von mickrigen sieben Prozent auf über sechzig Prozent hochschnellen ließen. Daß dabei Orkane im Nordwesten halbe Pinienwälder glattrasierten, das war zwar sehr unangenehm, aber nicht zu vermeiden.

Trotz seiner Allgegenwart in Form von Salzwasser also stellt das Wasser einen Quell ständiger Besorgnis dar. Denn natürlich hat ein Urlauberparadies, das sechs Millionen Touristen pro Jahr versorgen muß, einen gewaltigen Verbrauch am lebenswichtigen Naß. Die meisten Urlauber sehen es als ihr gottgegebenes Recht an, pro Ferientag und Person mindestens zweimal ausgiebig unter der Dusche zu singen. Dabei wollen Swimmingpools gefüllt, die Felder des Plá bewässert, Spül- und Waschmaschinen bestückt werden. Auch die sattgrünen Golfplätze haben einen horrenden Wasserverbrauch: Eine Rechnung behauptet, daß man einem 8000-Seelen-Dorf die Hähne zudrehen müßte, um den Tagesbedarf für einen Golfplatz zu decken.

Das marode Leitungsnetz trägt sein Übriges zur Dauermisere bei. Angeblich sind mehr als 60 Prozent der Leitungen undicht. Und selbst dort, wo Wasser aus den Leitungen sprudelt, ist es noch lange nicht genießbar: Durch den hohen Wasserverbrauch ist der Grundwasserspiegel vielerorts besorgniserregend gesunken, und in vielen küstennahen Orten mischen sich Süß- und Salzwasser zu einem Gebräu, das nicht nur schlecht schmeckt. Besser ist es also, Wasser in Flaschen zu kaufen. Was in heißen Monaten in den kleinen Dörfern ohnehin zum Muß wird, da die *ayuntamientos* nach dem Rotationsverfahren ganzen Straßenzügen das Wasser absperren. Auch ohne benachbarten Golfplatz!

Um die Wasserversorgung von Bevölkerung und Gästen sicherzustellen, gibt es neben den Brunnen, Quellen und Regenwasserreservoirs zwei Meerwasserentsalzungsanlagen. Andere verzweifelte Maßnahmen zur Wasserbeschaffung haben sich nicht wirklich bewährt: Vor wenigen Jahren keuchten eine Saison lang gewaltige Wasserschiffe zwischen Valencia und Palma hin und her; letzten Endes stellte sich der Import als Eulenspiegelei heraus, bei dem sich Transporteure und Funktionäre die ein oder andere goldene Nase verdienten.

Nicht weniger schwerwiegende Probleme hat die

Insel mit jenem Wasser, dessen sie sich entledigen möchte. Schon hinterm Flughafen empfängt einen der unverkennbare Duft einer nicht ganz dichten Kläranlage, und dieses Odeur findet sich an den verschiedensten Orten der Insel. Selbst wenn die Kläranlagen klaglos funktionieren, gibt es immer schwarze Schafe, die die Brühe ins blaue Mittelmeer leiten. Trotz der angedrohten drakonischen Strafen scheinen viele Hoteliers ihren Obolus nach wie vor aus der Portokasse zu begleichen. In einigen Orten wiederum werden die Abwasserprobleme aus kleingeistigen Motiven nicht gelöst: Man kann sich nicht darüber einigen, welche Rohrteilstrecke von den Hotels bezahlt werden soll und ab welchem Zentimeter die Zuschußpflicht der Rathäuser einsetzt. Gerichtsverfahren sind anhängig. Und anhängig. Und anhängig ...

Weil nach Regen aber immer Sonne kommt, ja, kommen muß, genug mit der Schwarzmalerei. Trotz der oben erwähnten Schafe ist das Badewasser um die Insel herum erstaunlich sauber. 96 Prozent aller Strände bekommen die begehrten EU-Trophäen für die höchste Hygiene-Stufe und sind somit eine reine Freude.

Flüsse gibt es auf der Insel keine; jedenfalls keine, die den Namen verdienen. Aber ganz Mallorca ist von meist trockenen *torrentes* durchzogen, auf natürliche Weise entstandenen Flußrinnen, die aus regenreicheren Zeiten stammen. Wenn alle paar Jahre einmal der Himmel über den Balearen seine Schleusen öffnet, füllen sich diese *torrentes* innerhalb kürzester Zeit mit Wasser und verwandeln sich in einen alles mit sich reißenden Fluß. Wenn ein leichtsinniger Baulöwe ein Hotel unbedingt mitten in den seit Jahrzehnten trockenen *tor-*

rente gesetzt hat, kann das böse enden, wie in den neunziger Jahren tatsächlich geschehen.

Wer Regen mag, kann auch auf Mallorca seine blauen Wunder erleben. In Pollença und Lluc, beide am Fuß der Sierra de Tramuntana, regnet es sogar in Trockenzeiten manchmal. Für den zweifelhaften Ruf, das Regenloch der Insel zu sein, wird Pollença mit dem sattesten Grün belohnt, mit den dichtesten Wäldern, und manchmal stürzen sogar Wasserfälle aus den Felsen, und der Boden tut sich auf und gebiert eine neue Quelle.

Daß Mallorca zwischen Nord und Süd, Ost und West gleich mehrere Klimazonen hat, verwundert nicht. Jede Himmelsrichtung hat auch ihren eigenen Wind: Aus dem Norden fällt der *tramuntana* über die Berge, *mitjorn* bringt warme Luft aus Süden, aus dem Osten säuselt der *llevant*, vom Westen pustet der *ponent*. Und der heiße Südwind, der ein- bis zweimal im Jahr die Nerven bloßlegt und Sand aus der Sahara heranwirbelt, ist der gefürchtete *xaloc*. Während im Dezember und Januar manchmal sogar Schnee die nordwestlichen Gipfel der Sierra de Tramuntana überzuckert, liegt es sich im Sand der Strände des Südostens mittags fast so schön wie im Mai. Schnee auf Mallorca gab es übrigens früher häufiger. Im 18. Jahrhundert lagerten die cleveren *nevaters* die weiße Pracht in eigens dafür errichteten Schneegewölben, den *cases de neu*, und verscherbelten im Sommer eisgekühltes Wasser an erhitzte Gemüter, die sich damals aber eher selten am Strand aalten.

Den Stränden hat die Insel natürlich ihren Wohlstand zu verdanken. Wäre ohne die Verlockungen von Sand und Meer jemals ein Tourist auf die Insel gekommen? Außer dem ein oder anderen Wandervogel und Ornithologen? Die Strände sind ein empfindliches Ökosystem, das sich wunderbar regeneriert, wenn der Mensch es zuläßt. Was er meistens nicht tut. So sind jedes Jahr vor Saisonbeginn Bagger im Einsatz, um Seetang, Algen und Steine aus dem feinen Sand zu sieben, sehr zum Entsetzen der Ökologen; denn Sand vermehrt sich nur, wenn er diese Stoffe in Ruhe absorbieren kann.

Daß die Makellosigkeit der Strände ihr tägliches Brot garantiert, diese Erkenntnis hat die Mallorquiner für die Verwundbarkeit ihres Ökosystems sensibilisiert. Konnte früher die Natur die paar Einheimischen, die auf ihr herumkraxelten, in ihr schwammen oder jagten, gut verkraften, so änderte sich das natürlich mit dem boomenden Tourismus. Plötzlich entsorgte sich der Müll, den man ohne Grundwasserschutz und Sondermüllbestimmungen in die Landschaft warf, nicht mehr selbst. Die Leute aus dem Norden brachten nicht nur Devisen, sie produzierten auch Abfall in rauhen Mengen. Bis Mitte der neunziger Jahre waren die Mallorquiner Meister der improvisierten Müllentsorgung, aber dann begann ihnen das Problem zu stinken. Endlich wurde eine Müllverbrennungsanlage gebaut. Son Reus nordwestlich von Palma ist zwar kein architektonisches Schmuckstück, aber ein moderner Entsorgungsbetrieb, der im Sommer täglich 1300 Tonnen Müll zum Verschwinden bringt. Und seit der Jahrtausendwende sprießen an jeder besseren Straßenkreuzung Müllcontainer, die die Möglichkeit zu recyceln eröffnen: Glas, Plastik, Papier. Längst sind es nicht mehr nur die ach-so-klugen Residenten, die sich des

Systems bedienen. Schon die Schulkinder beschäftigen sich mit Müllwiederverwertung. Das läßt hoffen! Der nächsten Generation fällt vielleicht auch ein, wie das anrüchigste Wahrzeichen der Insel, Ca'n Set, entsorgt werden kann: Gleich hinter S'arenal, im Müll-Bermudadreieck, kokelt seit Jahren giftiger chemischer Bauschutt und hinterläßt einen unauslöschlichen Eindruck.

Ein Erlebnis sind auch die nach wie vor müllübersäten Gräben entlang der Überlandstraßen. Wer da seine Wohlstandsreste im Schutz der Dunkelheit aus den Autofenstern schleudert, ist schwer zu beweisen – Einheimische, Residenten, Urlauber oder alle drei?

Wer aber den Schmutz an der Straße nach Llucmajor ignoriert, findet sich bald in einer anderen Zauberlandschaft wieder: im Karst der Sierra de Llevant und in unmittelbarer Nähe zu den berühmten Tropfsteinhöhlen Drac und Hams. Gewaltige Stalagmiten (das sind die, die von unten hochwachsen) und Stalagtiten (die anderen) bieten Einblick in die geologische Urzeit. Überhaupt ist Mallorca ein Paradies für Höhlenforscher. Die bekommen natürlich mehr und Abenteuerlicheres zu sehen als der Pauschalbesucher, der als Teil einer Herde in der Drac leider mit Geigenklängen beglückt wird, während er auf Holzbänken vor einem unterirdischen See sein *bocadillo* kaut. Der Besuch lohnt sich trotzdem, aber ruhiger ist es in den Höhlen von Campanet. Dafür sind die Zapfen nicht ganz so spektakulär.

Viele Gebiete auf der Insel sind mittlerweile zu Naturschutzgebieten erklärt worden. Ein Glück, und wohl auch das Verdienst der örtlichen Grünen, die gerne Zünglein an der Waage spielen. Vielleicht hilft auch der

Karrieresprung des ehemaligen Balearenpräsidenten Jaume Matas zum spanischen Umweltminister bei der Durchsetzung von Schutzmaßnahmen für Mallorca. Daneben gibt es die GOB, die balearische Vogelschutzorganisation, die weit größere Aufgaben bewältigt, als sich nur um die gefiederten Freunde zu kümmern. Sie hat sich zum Sprachrohr der gesamten balearischen Natur gemacht und ist mit ihren Aktionen sehr erfolgreich – erfolgreicher noch als die relativ kleine Greenpeace-Organisation, die aber auch recht resolut vor allem beim Gewässerschutz ist.

Zwei Inseln vor Mallorca ist die höchste Schutzstufe zugestanden worden: Sa Dragonera und Cabrera. Letztere war unter Napoleon eine Gefangeneninsel und später – und vermutlich auch davor – ein Ziegenparadies. Mittlerweile stehen dort Fischadler, Eleonorenfalke, Korallenmöve, Sturmschwalbe, Flamingos, Weißstörche und unzählige andere Tierarten unter Naturschutz. Cabrera hat übrigens auch eine blaue Grotte, ganz wie Capri. Mehr als zweihundert Menschen täglich dürfen ihren Fuß nicht auf diese Naturschutzinseln setzen. Anders in der Albufera bei Ca'n Picafort. Für dieses Feuchtgebiet – eines der größten Europas – existieren leider noch keine Besucherrestriktionen. In den Kanälen der Albufera tummeln sich eigens importierte Wasserbüffel und grasen die Wasserläufe frei. Und auf dem Rücken der Tiere sitzen Zugvögel und ruhen sich aus.

Die letzte Errungenschaft der Insel ist der Naturpark der Levante am Punta de n'Amer. Der schließt eine gewaltige Unterwasserlandschaft mit ein und befindet sich am nordöstlichen Zipfel Mallorcas.

Die freie Natur und der Aufenthalt darin ist also uneingeschränkt empfehlenswert? Nicht ganz. Es gibt Zeiten, da sollte man es vermeiden, die Natur zu betreten: in der Dämmerung, in der Jagdsaison.

Dann nämlich erleidet der Mallorquiner (ähnlich wie sein Spießgeselle, der Italiener) einen herben Rückfall in die Steinzeit und hält mit einer Waffe auf alles, was sich bewegt und relativ klein ist. Die Jagd findet meistens im Morgengrauen statt, und mir prasselten mehr als einmal fröhlich-bunte Patronenhülsen aufs Terrassendach. Kaninchen, Rebhühner und Fasane sind vor den grüngekleideten Herren mit den Rambo-Patronengürteln nicht sicher, und auch Dackeln und Kleinkindern ist das unbeaufsichtige Herumtollen zu dieser Tageszeit nicht anzuraten.

Zu jeder Jahreszeit schön anzusehen aber sind die Inseltäler; sie sind wie aus einem Märchen. Im Januar blühen die Mandelbäume und tauchen alles in eine weißlich-rosa Wolke. Pinien, Olivenbäume und Steineichen erinnern an biblische Landschaften, gegen Ostern leuchten die Mohnblumen aus den Alfalfa-Feldern, und zweimal im Jahr blinken bunte Tupfen aus den Orangen- und Mandarinenbäumen. Und gelbe Zitronen gibt es auch. Ein Schlaraffenland mit wunderbarer Aussicht auf das Meer. Und einer Menge guter Aussichten für die Zukunft ...

Getränkt von reinster Poesie

Es überrascht nicht, daß die große Balearenperle immer wieder Künstler aus aller Welt in ihren Bann gezogen hat – das war vor hundert Jahren nicht anders als heute. Für unzählige Maler, Bildhauer und Literaten ist Mallorca zur ersten oder zweiten Heimat geworden. Wo läßt es sich besser malen, musizieren und dichten als an einem Ort, an dem die Natur mit der ihr eigenen Freigiebigkeit die Inspiration mit dem Füllhorn über künstlerische Gemüter ausschüttet?

Der Pollençiner Dichter Miquel Costa i Llobera, der die *Escuela mallorquina* begründete, meinte Ende des 19. Jahrhunderts, daß kein Ort der Welt mehr Dichter pro Quadratmeter aufweisen könne als seine Heimatinsel. Auch wenn diese Feststellung eher auf Lokalpatriotismus und künstlerischer Freiheit basiert als auf Statistiken, ist nicht zu leugnen, daß die Insel im Laufe der Zeit ungewöhnlich viele Künstler kommen und gehen gesehen hat. Die lange Tradition mallorquinischer Literatur geht bis ins 13. Jahrhundert zurück, als Ramon Llull mit dem Entwicklungsroman *Blanquerna* die katalanische Literatur salonfähig machte. Llulls Dichtung zählt an spanischen Schulen bis heute zum Standardlehrstoff und wirkt kein bißchen altmodisch. Schon gar nicht sein Buch vom Heiden und den drei Weisen – in dem geht es um das Zusammentreffen eines Christen, eines Juden, eines Muslim und eines armen Heiden, der sich für die wahre Religion entscheiden soll. Ganz unfundamentalistisch kommt Llull, der im Nebenberuf auch Missionar war, zu dem Schluß, daß alle drei Glaubensrichtungen zu einer einzigen verschmelzen mögen, *so dass wir zur Eintracht gelangen.*

Der Grandseigneur der insularen Literaturszene des 20. Jahrhunderts, Llorenç Villalonga, brach mit der Tradition, archaische Natur- und religiöse Themen zu verarbeiten, und setzte der folkloristischen *escuela* eine kosmopolitischere Literatur entgegen. *Das Puppenkabinett des Senyor Barn*, ein Roman, der sich wortgewandt und kritisch mit dem Niedergang des mallorquinischen Adels auseinandersetzt, sorgte in den dreißiger Jahren für Furore. Ebenso wie der junge Dichter Bartomeu Rosselló-Pòrcel, der in seiner Lyrik Elemente des Surrealismus, des Volkstümlichen und des Modernismo so geschickt verwob, daß er weit über die Grenzen der Insel hinaus bekannt wurde. Wie viele Genies wurde er nicht alt – mit 25 Jahren starb er an Tuberkulose.

Viele der großen Namen des vergangenen Jahrhunderts versprachen sich vom angeblich heilsamen Klima der Insel Genesung von körperlichen und geistigen Malaisen. Vor allem im ersten Viertel des 20. Jahrhunderts eilte Mallorca der Ruf voraus, die damals weitverbreitete Schwindsucht ebenso günstig beeinflussen zu können, wie es die heilsame Luft der Schweizer Alpen tat, aber wesentlich billiger. D. H. Lawrence residierte aus diesem Grund 1929 drei Monate lang in Cala Mayor im Hotel Principe Alfonso, wo sich in einem Club der Dichter Graf Keyserling und Graf

Kessler verbal duellierten. Lawrences Hoffnung auf Heilung wurde leider enttäuscht; er starb wenige Monate später. Wäre ihm George Sands berühmtes Werk *Ein Winter auf Mallorca* bekannt gewesen – vielleicht hätte er sich einen anderen Ort der Erholung gesucht. Die Suffragette, Autorin und Lebensgefährtin Frédéric Chopins ließ in ihrem Reisetagebuch kein gutes Haar an der Insel, hatte sich doch ihr Geliebter ausgerechnet die zugige feuchtkalte Kartause von Valldemossa in den Kopf gesetzt, um zu komponieren und seine Schwindsucht auszukurieren – ein schlimmer Fehler. Daß das Meuchelbuch bis heute als Werbung für den schönen Ort Valldemossa gilt, entbehrt nicht einer gewissen Ironie und liegt wohl daran, daß fast niemand den frustrierten Reisebericht der Sand von Anfang bis Ende durchlesen mag.

In den dreißiger Jahren sorgte der aufkeimende Faschismus in Deutschland dafür, daß es viele kreative Deutsche auf die Insel verschlug. Einer von ihnen, Albert Vigoleis Thelen, hielt sich als Fremdenführer und Privatlehrer über Wasser. In seinem Buch *Die Insel des zweiten Gesichts* zeichnet Thelen ein Bild des prallen mediterranen Lebens auf Mallorca. Die »intellektuellen Touristen« trafen sich in Palma in den Cafés am Paseo Borne oder auch im Vorort El Terreno, einer Art mediterranem Montmartre. Santiago Rusiñol, impressionistischer Maler und Autor des bekannten Werkes *L'illa de la calma – Die Insel der Stille –*, nannte den Paseo Borne schon 1922 den »Augapfel« der Insel. Von den verräucherten Literatencafés der Gegend haben leider nur zwei überlebt: das Café Lírico und die berühmte Bar Bosch. Neben der befand sich noch bis Mitte des

20. Jahrhunderts eine Buchhandlung, die eine Durchreiche zum Café hatte. Sehr praktisch!

Aber das literarische Mallorca dieser Zeit hatte neben Palma noch eine weitere Metropole: Cala Rajada an der Ostküste, das von 1933 bis 1936 vorübergehende Heimat für viele wegen ihrer pazifistisch-anarchistischen Überzeugung aus dem Nazi-Deutschland geflohene Künstler und Schriftsteller wie etwa Karl Otten war. Man traf sich in der Waikiki-Bar von Käptn Bilbo alias Frank Baruch, einem berüchtigten Schmugglerkönig und Literaten. In seiner Autobiographie *Rebell aus Leidenschaft* schildert der Wirt die politisch geladene Atmosphäre dieser Jahre.

Das literarische Who-is-who der in Mallorca Gewesenen würde viele Seiten füllen. Gertrude Stein und ihre Lebensgefährtin Alice B. Toklas lebten mehrere Monate auf der Insel, um die Erinnerung an die Schrecken des Ersten Weltkrieges ein wenig zu dämpfen. Anaïs Nin verarbeitete ihre Inselerfahrung in erotischen Erzählungen, Rubén Darío bezeichnete Mallorca als *Isla de Oro*, die Goldinsel, Albert Camus, der eine mallorquinische Mutter hatte, arbeitete hier ebenso wie die Einheimischen Georges Bernanos und Baltasar Porcel. Klaus Mann, zum wiederholten Mal auf Alkoholentzug, kam mit Schwester Erika und Freunden nach Fertigstellung seines *Mephisto* nach Mallorca und las nicht weit von Port d'Andratx aus seinem Werk. Jorge Luis Borges erklärte: »... wir gingen nach Mallorca, weil es billig und schön war und es außer uns kaum Touristen gab.« Hach ja! Der Argentinier Borges bildete 1920 trotz seiner Jugend – er war gerade mal Anfang zwanzig – den Mittelpunkt einer Gruppe einheimischer Dichter, denn er war vertraut mit dem Expressionismus, Dadaismus, Fauvismus und anderen zeitgenössischen Strömungen Europas. Mit seinen Kollegen saß er stundenlang im Café de los Artistas und führte lange Gespräche, die sogenannten *tertulias*. Borges *Ultraistisches Manifest* wurde in der Zeitung *Baleares* veröffentlicht.

Ende der zwanziger Jahre begründete Agatha Christie mit ihrem *Problem at Pollensa Bay* ein Genre: den Mallorca-Krimi. Ein Ende der klassischen Whodunnit-Literatur mit der großen Baleareninsel als pittoreskem Schauplatz ist bis heute nicht abzusehen.

Camilo José Cela, Literaturnobelpreisträger und einer der wichtigsten Autoren der Nachkriegszeit, brachte jahrzehntelang Schriftsteller und Künstler an einen Tisch. Bei den *Conferencias de Son Armadans* und den *Conferencias poéticas de Formentor* versammelten sich im Norden Mallorcas illustre Autoren: Heinrich Böll, Max Frisch, Alberto Moravia und Marguerite Duras trugen sich in die Gästebücher des noblen Hotel Formentor ein.

Einer der wichtigsten Vertreter des literarischen Mallorca machte den pittoresken Ort Deià an der Nordwestküste berühmt: Robert Ranke-Graves, der Verfasser des Romans *Ich, Claudius, Kaiser und Gott*. Anfang der dreißiger Jahre zog es ihn auf Anraten von Gertrude Stein nach Mallorca. Bis zu seinem Tod 1985 lebte er als »Adoptivsohn« des Dorfes in seiner Wahlheimat. Durch Graves wurde aus dem kleinen verschlafenen Bergdörfchen ein Mekka für Künstler aus der ganzen Welt: Alec Guinness, Gabriel García-Márquez, Alan Sillitoe und viele andere waren bei ihm zu Gast, und viele der Künstler, die sich in den sechziger und siebziger Jahren in Deià niederließen, waren ursprünglich wegen Don Roberto in das idyllische Nest gekommen. In seinen *Geschichten aus dem anderen Mallorca* sind viele von Graves Erlebnissen und Erfahrungen aus seiner Wahlheimat nachzulesen.

Und da gab es noch Don Balearo. In ihm, dem österreichischen Erzherzog Ludwig Salvator, hatte Mallorca seinen ersten Public-Relations-Manager. Der Erzherzog, der die Insel in den siebziger Jahren des 19. Jahrhunderts zu seiner Heimat erkor, verfaßte das umfangreichste, bis heute unerreichte Kompendium über »seine« Inseln. In neun Bänden schildert er *Die Balearen in Wort und Bild*. Don Balearo, der Lieblingscousin von Kaiserin Sisi, beschränkte sich nicht aufs Schreiben: In den kreativen Pausen legte er zahlreiche Wanderwege an, kultivierte die unwegsame terrassierte Nordküste, rettete Tausende von uralten Olivenbäumen vor bäuerlichen Kaminfeuern und sammelte die Legenden und Märchen der Insel. Mit den *Rondalles de Mallorca* – den Runderzählungen, die um die Feuerstellen in den Familien entstanden –, rettete er 450 davon für die Nachwelt. Wie man ihm nachsagte, liebte er die Mallorquiner in jeder Beziehung und geschlechterübergreifend. Bei seinem Tod 1915 in Böhmen hinterließ er all seinen mallorquinischen Besitz einem Sohn der Insel – seinem Sekretär Antoni Vives.

Ebenso wie die Literatur blüht auch die Kunst- und Musikszene und das gesamte kulturelle Leben auf der Insel. Denn mit dem rasant wachsenden Wohlstand der Mallorquiner seit den siebziger Jahren ist auch das kulturelle Angebot mitgewachsen. Neben dem altehrwürdigen Teatro Principal, das schon im 17. Jahrhundert ein Haus der Komödie war, entstand der häßliche, aber sehr zweckdienliche Betonklotz des Auditoriums am Paseo Marítimo. Dort kann man Konzerte der Weltklasse und Theateraufführungen genießen, und während man in der Pause an seinem Wein nippt, gibt es als Zugabe die Aussicht auf den rund ums Jahr festlich beleuchteten Hafen und die Flaniermeile. Auch im runden Castillo Bellver oberhalb des Fährhafens und im Parc de la Mar unterhalb der angestrahlten Kathedrale werden Sommerkonzerte auf hohem Niveau veranstaltet, mal klassisch, mal modern.

Seit 1961 findet jeden August im Kreuzgang des Klosters Santo Domingo von Pollença das berühmte internationale Klassikfestival statt, bei dem sich Dirigenten, Solisten und Orchester von Weltruf die Klinke in die Hand geben. Natürlich gibt es in Valldemossa ein Frédéric-Chopin-Klavierfestival, zu dem man gehen kann, wenn in Michael Douglas' Costa Nord-Stiftung um die Ecke nichts Besseres los ist, und in Son Marroig, dem ehemaligen Ludwig-Salvator-Landsitz, finden Kammerkonzerte statt. Das Sinfonieorchester von Palma spielt in seinem Stammhaus-Auditorium unter der Leitung eines britischen Dirigenten. Das schönste Konzerthaus der Insel befindet sich aber im Freien, und zwar mitten im Torrente de Pareis an der schroffen Nordküste: Die phantastische Akustik der Schlucht brachte den Maler Josep Coll Bardolet auf die geniale Idee, Konzerte in diesem Naturwunder zu veranstalten. Am schönsten hallen die lieblichen Choräle der Knaben des Klosters Lluc in lauen Sommernächten von den schroffen Felswänden wider. Vor dieser Kulisse machen sich auch die beiden Balladen singenden Lokalmatadoren Maria del Mar Bonet und Tomeu Penya gut!

Das Angebot an jeder Form von Kultur ist riesig, jede Menge Museen, Kulturvereine, Stiftungen, alternative Theaterprojekte, Bibliotheken mit bibliophilen Schätzen – für Interessierte, sofern es sie noch gibt, ist Mallorca eine wahre Fundgrube. Von offizieller Seite wird kräftig ins kulturelle Leben investiert. Im Jahre 2003 soll an der historischen Stadtmauer ein riesiges Museum für moderne Kunst eröffnet werden, das MAMC – Museu d'Art Modern i Contemporani de Palma, das auf über 5000 Quadratmetern Werke des 20. und 21. Jahrhunderts zeigen wird. Bilder von Picasso, Joan Miró, Anglada Camarassa, René Magritte, Tàpies, Juan Gris, Barceló und vielen anderen bekannten Malern aus Mallorca und dem Rest der Welt werden zu sehen sein. Seit dem Herbst 2001 ist ein privates Museum in Andratx geöffnet, das eine der größten Privatsammlungen Europas beherbergt. Auf 1500 Quadratmetern zeigt dort das dänische Galeristenpaar Asbaek internationale moderne Kunst und stellt Ateliers und Wohnungen für Künstler bereit.

Juan Miró ist der Weltstar unter den mallorquinischen Künstlern und Sohn einer Frau aus Sóller. Die Schaffensperiode in Cala Mayor war seine kreativste Zeit, und die *Fundació Pilar i Joan Miró* ist das meistbesuchte Museum Palmas. Mittlerweile sind Mirós Werke Opfer einer breitangelegten Merchandising-Kampagne: Sein Genius findet sich auf Tellern, Tassen, Schlüsselanhängern, T-Shirts und dem Flugzeugheck einiger *Iberia*-Maschinen.

Die Malerei kann ebenso wie die Literatur auf eine lange Tradition zurückblicken. Im 17. und frühen 18. Jahrhundert, in der Blütezeit des europäischen Barocks, der auf die Mittelmeerinsel hinüberschwappte, gab es diverse begabte Maler. Vor allem einer hat es zu Weltruhm gebracht: Guillem Mesquida i Munar. Im gesamten 18. Jahrhundert gediehen die Künste, und Bildhauer und Maler, Architekten, Philosophen, Wissenschaftler und Musiker prägten diese kreative Ära.

Angeblich gibt es auf der Insel mehr als 3000 Maler, die Laien mitgerechnet. Bei soviel Liebe zur Leinwand muß Mallorca natürlich auch mit den entsprechenden Ausstellungsmöglichkeiten aufwarten – etwa fünfzig Galerien kann man in Stadt und Land finden, die meisten natürlich in Palma, und auf den Vernissagen trifft sich das immer gleiche kunstverliebte Publikum. Viele mallorquinische Galerien haben landesweiten Ruf und sind auf den wichtigsten Kunstmessen in Madrid und Barcelona vertreten – die weltweit bekannteste ist die Galerie Pelaires, die mit Miró und Tàpies groß wurde. Nicht unerwähnt sollten die Galerien meines Heimatortes Pollença bleiben, der heimlichen Kunsthauptstadt Mallorcas. In diesem kleinen Ort herrscht eine so hohe Künstlerdichte mit all den dazugehörigen Eifersüchteleien, daß der harmonieliebende Residente seine Wände am besten entweder leer läßt oder alle ortsansässigen Maler gleichberechtigt nebeneinander hängt. Dilettanten gibt es hier kaum, und die Werke des ehemals »Jungen Wilden« Albrecht Demitz, des Luxemburgers Gust Graas und des Dalí-Schülers Andreas Topp reisen nicht nur von einer internationalen Ausstellung zur nächsten, sie hängen auch an meinen Wänden. Nur Dionys Bennassar, den berühmtesten Maler des Ortes, habe ich mir noch nicht geleistet, und von einem Anglada Camarassa oder Tito Cittadini träume ich noch. Beeilen werde ich mich müssen, um eine Skulptur von Suzi Gomez zu erwerben, denn die befindet sich, zusammen mit dem Maler Amador, doch tatsächlich direkt aus dem Norden der Insel heraus auf dem Weg zu Weltruhm.

Sollten sich diese Werke aber als zu teuer erweisen, kann ich mich der *asoclación de amigos y victimas del comic* – dem Verein der Freunde und Opfer des Comics – anschließen. Mehr als zwanzig professionelle Comiczeichner hat die Insel zu bieten, und drei spezialisierte Comicläden. Comics findet man auch in der gutbestückten deutschen Buchhandlung Dialog. Die, laut Aussage des Besitzers Edgar, nebenbei die besten Sprachkurse westlich des Mississippi abhält.

Halt, beinahe hätte ich einen wichtigen Aspekt der Kultur vergessen: das Kino! Es soll bald hundert Kinos auf der Insel geben, viel Raum für Kunstfilme und Originalfassungen. Rosige Zeiten für Cineasten!

Von Hexen, Höhlen und Heilern

Was, mag sich mancher Besucher sagen, wenn er das Pech hat, aus einem Reisebus vor ein Hotel in S'arenal gekippt zu werden, soll an dieser Insel magisch sein? Abgesehen davon, daß es wirklich nicht mit rechten Dingen zugehen kann, wenn jährlich Millionen Menschen ausgerechnet auf diesem Flecken Erde Erholung suchen?

Für Künstler, Esoteriker und andere sensible Gemüter steht außer Frage, daß es auf Mallorca nicht mit rechten Dingen zugeht. Wer mit scharfem Auge und siebentem Sinn hinter die neuzeitliche Fassade von Betonburgen und Mega-Airport blickt, kann der subtilen magischen Energie der Insel auf Schritt und Tritt begegnen.

Ob es sich um einen geheimnisvollen Magnetismus handelt, der aus dem tiefsten Erdinnern seine Strahlung aussendet, oder ob Gaia, die Erdenmutter, sich diese begnadete Insel persönlich ausgesucht hat – magisch ist Mallorca bis in die äußerste Landzunge. Glauben und Aberglauben standen seit jenen Tagen, da der Inselweise Ramon Llull in einer Höhle die höchste Bewußtseinsstufe erlangte, hoch im Kurs. Der Berg Randa ist von Höhlen durchlöchert, und laut einer mallorquinischen Sage ist er vollkommen hohl, wird aber von vier güldenen Säulen getragen, wovon drei bereits morsch sind. Wenn die vierte bricht, wird Mallorca vom Meer überflutet. Laßt uns hoffen, daß es sich nur um ein Schauermärchen handelt.

In den Höhlen manifestiert sich nach Ansicht des Autors und Magie-Spezialisten Carlos Garrido das kollektive Unterbewußte des Mallorquiners. In prähistorischen Zeiten wurden, wie Funde beweisen, in den Coves del Drac und den Höhlen von Artà kultische Zeremonien abgehalten. Es gab Höhlen, die ganze Dörfer beherbergten, wie Son Curt bei Álaro; andere wiederum mußten sich mit dem einen oder anderen Ungeheuer zufrieden geben. Drachen in der Drac, Hexen in der Cova de ses bruixes bei Mortitx – in der Unterwelt der Inseln kam nie Langeweile auf. Wenn mal gar nichts los war, mußten die Grotten als Kulisse für Racheakte herhalten, als Unterschlupf für Einsiedler und natürlich als Schmugglerquartier. Hochkonjunktur hatten die Erdlöcher im frühen 14. Jahrhundert, als die esoterisch geheimbündelnden steinreichen Tempelritter ihren Papst Clemens und den französischen König Philipp vergrätzten. Schwert über Pferd mußten die Templer Fersengeld geben, und weil sie als Ketzer Freiwild waren, konnten sie nur einen Teil ihrer Schätze retten; den versteckten sie in verschiedenen Höhlen der Insel, wo er angeblich bis zum heutigen Tag seiner Entdeckung harrt. Es wird gemunkelt, daß die Suche nach dem Heiligen Gral nichts anderes war als die Jagd nach dem unermeßlichen Schatz der Templer. Ob es daran liegt, daß auf der Insel ein stattliches Kontingent Höhlentaucher zugange ist, das vorgeblich nur an Geologie interessiert ist?

Auch der Himmel faszinierte die Mallorquiner seit eh und je. Der Höhepunkt des magischen Jahreskalenders ist der Sonnenaufgang am 24. Juni, dem Johannistag. Wer an diesem Morgen im Meer badet, wird das ganze Jahr darauf nicht krank, und auch wer an diesem Tag umzieht, dem wird dauerhaftes Glück prophezeit. Mehr noch aber als die Sonne spielt der Mond eine bedeutende Rolle. Die Rondalles, die mallorquinischen Runderzählungen, sind voller Geschichten über die Kraft des Mondes. Bei Vollmond tanzen im Hafen von Andratx die Krebse, sagt man, und auch die *bruixes*, die Hexen, nützten die Kraft der *lluna plena*, um sich mit Mondstrahlen aufzuladen, indem sie dem Gestirn ihre blanken Hinterteile entgegenreckten. Der Vollmond hat im Volksglauben sogar Einfluß auf das Geschlecht eines Kindes. Bis heute richtet sich vor allem die bäuerliche Gesellschaft nach dem Mond. In der Tradition der antiken Mondmagie wird in vorbestimmten Rhythmen gesät und geerntet. Holz wird bei Neumond geschnitten, damit es nicht fault und dem Holzwurm anheimfällt, und nur bei Neumond lohnt es sich, in der Pilzzeit die begehrten *esclatasangs* zu suchen. Manche Bauern füllen die Zisternen nur bei Neumond mit Wasser, weil es dann länger frisch hält und die in den Zisternen wohnenden Wasserfrauen besänftigt sind. Bäume sind beim jungen Mond unempfindlich gegen Frost, Kartoffeln aber sollen ebenso wie Weizen erst in der letzten Mondphase in den Boden. Das ist auch eine günstige Zeit für Haar- und Nagelschnitt; beides wächst dann langsamer nach. Bei Vollmond werden Feigenkakteen gepflanzt und die Bäume beschnitten. Nur einschlafen sollte man keinesfalls bei dieser Tätigkeit im Freien! Der Volksmund sagt, daß die Mondstrahlen mit solcher Macht ins Gehirn eindringen, daß sie zu galoppierender Wirrheit führen. Wie im Englischen nennt man im Mallorquin geistig Verwirrte *llunàtics*. Auch der Moment des *girant* – des Mondwechsels – erfordert vielfältige Vorsichtsmaßnahmen; ignoriert man sie, kann man jede Menge Probleme bekommen.

Die *Llunaris*, Bücher mit Zauberformeln, in denen der Mond beschworen wird, sind während der schrecklichen Heiligen Inquisition zusammen mit ihren Besitzerinnen, den Hexen, in Flammen aufgegangen.

Woran auch immer man glauben mag – eine Vollmondnacht in den Bergen Mallorcas wird den größten Rationalisten nicht unberührt lassen, Aberglaube hin oder her ...

Um die Bergwelt der Insel ranken sich zahllose verwunschene Geschichten. Die Berge spielen auf Mallorca eine sakrale Rolle. Unter ihnen flößt der Galatzó die meiste Ehrfurcht ein: Die Dörfer zu seinen Füßen, Estellencs, Puigpunyent und Càlvia, stehen unter seinem magischen Einfluß. An seiner Nordseite versammeln sich an bestimmten Wintertagen Hunderte von Schlangen, die sich angeblich mit der magnetischen Energie des Berges aufladen. Und man munkelt, daß die Strahlung des Galatzó Depressionen verursacht. Sagenumwoben wie der Berg sind auch der grausame Geistergraf Comte Mal und sein schwefelgrünes Pferd, mit denen ganz unpädagogisch noch heutzutage Kinder eingeschüchtert werden.

Kaum weniger verhext sind der S'aladena bei Álaro und der benachbarte Berg Puig d'es Castell, zwischen deren Spitzen die Hexen für ihren Sabbat einst lange Fäden sponnen, um darauf schaurig herumzutollen. Und den Bergen rund um Sóller sagt man nichts Gutes nach: Statistisch nachweisbar gibt es in deren Dunstkreis eine Häufung psychischer Erkrankungen. Ob die Verantwortung dafür tatsächlich den Erhebungen zuzuschreiben ist oder ob nicht doch die Ufos daran Schuld tragen, wird für immer ein Geheimnis bleiben. Denn in den siebziger und achtziger Jahren des 20. Jahrhunderts gab es einen wahren Ufo-Rausch auf den Inseln. Jede Menge Sichtungen wurden dokumentiert, und die Damen und Herren von Alpha Centauri tummelten sich besonders gerne in ihren unterirdischen Ufo-Basen vor Sóller, wenn sie sich nicht trockenen Tentakels zwischen Deià und dem Puig Mayor herumtrieben. Unzählige Lichter, deren Ursprung auch das Militär nicht erklären konnte, wurden über dem Meer und den Bergen gesichtet, und eine Welle von Stromausfällen versetzte die Insulaner und Gäste in ein Ufo-Fieber, die in den *Nächten der kosmischen Einheit* ihren Ausdruck fanden.

Von dieser fernen Zukunft wußte der Erzherzog Ludwig Salvator noch nichts. Auf seinem vielzitierten Lieblingsberg, dem Teix, ging es damals noch friedlich zu. Das darunterliegende Deià zog möglicherweise dank der besonderen Energie des Berges das bunte Künstlervolk an. Und Robert Graves war davon überzeugt, daß man im Schatten des Teix nur die Wahl zwischen Kreativität oder Irrsinn habe.

Vielleicht spuken Graves und der Erzherzog mittlerweile gemeinsam bei Sa Talaia Vell, nicht weit von ihrem Nordküsten-Zuhause. Spukgeschichten gibt es auf der Insel wie Sand am Meer, Gespenster sind allgegenwärtig. Mal als *ànimes* – verstorbene Familienmitglieder, mal als *bubotes* – Gespenster, die sich in Laken hüllen; manchmal erscheinen die *fades* – gutmütige Waldfeen – in Begleitung einiger *boiets*, den launischen Kobolden, die aber gerne von der *dama blanca* – der weißen Dame – zur Ordnung gerufen werden, weil sie ungestört den Tod ankündigen will. Als Ca'n Solleric in Palma zum Museum umgebaut wurde, stand dem öfter eine schwarzgekleidete Person im Wege, und sie war nicht vom Bauamt. Auch im Gran Hotel gingen die Renovierungsarbeiten nicht ungestört vonstatten, und die ewige Spukerei unerlöster Seelen verjagte manchen Bauarbeiter von seinem Arbeitsplatz. Wanderer sind hin und wieder peinlich berührt, wenn ihnen beim Castell del Rei nahe Pollença eine recht durchsichtige Königin entgegenkommt, die sich in Luft auflöst.

Vielleicht ist sie immer noch auf der Suche nach einem Heilkundigen, der sie vom Fluch der Durchsichtigkeit erlösen könnte. Dazu hätte es vermutlich eine Hexe gebraucht, eine von der Sorte, die sich mit dem Spruch *Altafulla!* in die Luft erhob und *Baixafulla!* rief, wenn sie wieder landen wollte. (Wer's ausprobieren will: Es spricht sich *Altafuja, Baischafuja*). Viele der als Hexen verunglimpften Frauen waren Heilerinnen, die sich mit den medizinisch wirksamen Eigenschaften der einheimischen Pflanzen auskannten. Sie heilten durch Handauflegen ebenso wie durch Kräutertränke, Massagen oder Hellseherei. Einige Kurmethoden sind heutzutage nicht mehr durchführbar, manche aus legalen Gründen: Mohnblumensaft wird gar zu leicht als

Droge mißinterpretiert, und berauschende Pilze sind selbst Indianern nur dann erlaubt, wenn sie recht weit weg wohnen. Wer hat bei Bauchschmerzen schon Zugriff auf ein Kleidungsstück, das von einem Angehörigen einer siebenköpfigen Familie getragen wurde? Auch Skorpion- und Spinnenstichen ist nicht leicht beizukommen, da man jemanden finden muß, der am Tag der Konversion des Heiligen Paulus, dem 25. Januar, Geburtstag hat. Dieser Mensch braucht nichts weiter zu tun, als in einen Eimer Wasser zu spucken, das Kreuzzeichen darüber zu schlagen und das Tränklein dem Kranken einzuflößen. Sofortige Gesundung ist garantiert! Daß Schneckenverzehr gegen Tuberkulose hilft, das weiß jeder Insulaner, und ein Ritual mit Silberweidenruten in der Johannisnacht hilft Kindern bei Nabelbruch. Etliche mittelalterliche Heiler waren wohl hervorragende Psychologen; nur so erklären sich die unleugbaren Heilerfolge. Die Kräutertränke der weisen Frauen allerdings kurierten weniger mit Magie als mit Chemie – nicht ohne Grund wildert die moderne Pharmazie gerne in den Revieren der mediterranen Volksmedizin.

Wegen dieser langen Tradition kennt auch der moderne Mallorquiner keine Schwellenangst, wenn er sich einem der zeitgenössischen alternativen Heilkundigen anvertraut, die wie ihre Vorväter und -mütter traditionelle Rezepte und Hausmittel mit einer gutentwickelten Intuition verknüpfen.

Manche der Heiler betätigten sich auch als *zahoris*, als Wünschelrutengänger. Dieser Brauch ist weit mehr als purer Aberglaube, denn auf Mallorca ist der Beruf des *zahoris* genauso anerkannt wie der des Schreiners.

Fast jeder Neu-Mallorquiner, der eine Finca ohne Brunnen kauft, wird einen *zahori* empfohlen bekommen. Der kommt dann mit einer Weidenrute, einem Pendel oder schlicht einem verbogenen Kleiderbügel und spürt die tief im Erdreich verborgenen Wasservorkommen auf. Besondere Profis können sogar angeben, wieviel Wasser in welcher Tiefe zu erwarten ist. Auch offizielle Stellen bedienen sich ganz selbstverständlich der *zahoris*. In Andratx gibt es einen Pendelspezialisten, der im Nebenberuf auch vermißte Personen aufspürt. Das konnte im letzten Jahrhundert auch eine gewisse Doña Paulina aus Palma, die sich zusätzlich auf Astralheilungen verstand und den »Geist des Mandarin« channelte, wie das auf neuesoterisch heutzutage heißt. Nachfahren dieser Damen und Herren mit Zugang zum Jenseits treffen sich auf der zweimal jährlich in Palma stattfindenden Esoterischen Messe, die nicht nur von Mallorquinern, sondern besonders gerne auch von deutschen Besuchern frequentiert wird. Dort kann man sich mit den obligaten Räucherstäbchen, Heilölen und Gesundheitsschuhen eindecken, sich von einer *fedora de cartas* die Zukunft aus den Karten lesen und die Iris diagnostizieren lassen, unter Pyramiden Energie auftanken, Kristalle und esoterische Bücher kaufen, sich bei biologischer Vollwertkost und Energiebällchen von den spirituellen Strapazen erholen, in die subtilen Kräfte von Reiki und Yoga eintauchen, sich über Wasserpfeifen und Solarenergie informieren. Und vielleicht steht in einer Ecke der stille Jaume, der mit den Bäumen spricht und einem auf Anfrage gerne erzählt, was es mit den geheimnisvollen Kräften der mallorquinischen Bäume auf sich hat. Denn die sind lebendige Totems. Wie etwa die Pinie von Sa Pedrissa oder die La-Granja-Eibe bei Esporles. Das kann eigentlich jeder sehen, der seine Augen auf den knarzigen, alten Oliven, den mächtigen Steineichen und den sanften Mandelbäumen ruhen läßt ... und die hoffentlich keiner umsägt, um Feuerholz für Sant Antoni im Januar zu machen. Hier, bei diesem christlichen Fest, das besonders in Manacor, Sa Pobla und Artà gefeiert wird, lodern heidnisch anmutende Feuer – und, heiliger Anton hin oder her, dieses Volksfest wird die *nit bruixa* genannt, die Hexennacht. Was mal wieder zeigt, wie undogmatisch Mallorca ist – und wie zeitlos ...

Hier bitte nicht parken

Jeder weiß, daß Mallorca innerhalb der letzten fünfundzwanzig Jahre übergangslos aus dem Zeitalter des Eselkarrens ins dritte Jahrtausend der Vollmotorisierung katapultiert wurde. Daher finden sich auf der Insel Fahrzeuge aller Art, und das in Massen: in Form von Vierrädern, Dreirädern, Zweirädern und Einrädern. Auf letzterem strampelte neulich ein rotnasiger Clown Schlangenlinien auf dem Pannenstreifen der Autopista zwischen Ikea und dem Abzweig nach Inca. Er machte Werbung für einen beliebten Wanderzirkus. Die anderen Verkehrsteilnehmer hupten fröhlich, was nicht weiter auffiel, denn gehupt wird gerne auf der Insel der Stille.

Also, die Autos: Deren Menge ist erdrückend und wird auch durch erhärtende Statistiken nicht erträglicher. Diese harmlos wirkende Insel hat die zweitgrößte Verkehrsdichte weltweit – gleich nach Singapur. Eintausend Hauptstadteinwohner, vom Tattergreis bis zum Säugling, teilen sich 950 Autos. In den Monaten der Hochsaison wird diese horrende Zahl durch mehr als zwanzigtausend wild herumgurkende Mietautos ergänzt. Glücklicherweise bläst regelmäßig eine vom Meer kommende Brise die Auspuffgase in Richtung der Müllverbrennungsanlage Son Reus, wo der Qualm hingehört.

Daß die Mallorquiner sich so gerne motorisieren, liegt neben der Begeisterung für Statussymbole auch an der Unmöglichkeit, mit öffentlichen Verkehrsmitteln von A wie Alcúdia nach B wie Biniaraix zu kommen. Natürlich existieren Busse und Bahnen, aber erstere sind private Konkurrenzunternehmen, die einander nicht grün sind und den Teufel tun werden, ihre Fahrpläne aufeinander abzustimmen, und die zweiten sind teilweise staatlich, aber dennoch oder gerade deswegen nicht ausreichend.

Für Verwirrung sorgen die Nummerntafeln der Autos, denn es gibt mittlerweile drei verschiedene offiziell zugelassene Kennzeichen. Sie spiegeln die Veränderung des Selbstbilds in den letzten Jahren wider: Das »PM« für »Palma de Mallorca«, das auch die Autos von Menorca, Ibiza und Formentera zierte, wurde abgelöst von einem »IB« für »Illes Balears«, das allen Inseln die gleiche balearische Identität zugestand. Leider wurde es von der ignoranten Zentralregierung abgeschafft und durch die leidigen Europakennzeichen ersetzt. Die werden nun durch ein kleines, verschämtes E im Eurosternchen-Kreis verunziert, so daß keiner weiß, daß gerade dieser Wagen von einem echten Mallorquiner gefahren wird. Die Freude der Ibicencos, die einige Monate lang den Eindruck erwecken durften, das IB stünde für Ibiza, ist längst verpufft.

Die Autos auf Mallorca sind im Vergleich zu denen der Nachbarinseln meistens sauber und selten älter als drei Jahre. Beulen haben sie trotzdem, was an den engen, außenspiegelfeindlichen Dorfgassen liegt. Die wirklich antiquierten, schiefachsigen Gammelkrücken mit scheppperndem Auspuff und Rostlöchern werden von maghrebinischen Einwanderern, Saisonarbeitern aus der Estremadura, Südamerikanern und britischen Residenten im Ruhestand gefahren. Und jeder, der auf sich hält, fährt einen vierradgetriebenen Benzinschlukker mit Känguruhfänger, ganz so, als ob die meisten Straßen auf der Insel nicht längst asphaltiert wären.

Vor fünf Jahren noch hätte man Wetten darauf abschließen können, daß hinterm Lenkrad der blitzenden S-Klasse, des Z3 und Cherokee-Jeeps betuchte deutsche ResidentInnen sitzen. Heute würden solche Wetten meist verloren. Außer in der M-Klasse mit den dunkelverspiegelten Scheiben (Achtung, Immobilienmakler an Bord!) entpuppt sich der Großteil der Luxuswagenlenker als waschechte Mallorquiner, und der Rausch des Blechs sei ihnen von Herzen gegönnt, denn sie haben einen immensen Nachholbedarf. Schade nur, daß der späte Luxus sie nicht in den Genuß kommen läßt, die schönen Pferdestärken bei Tempo 220 aufjaulen zu hören. Denn kaum gibt man auf Mallorcas kurzen Autobahnteilstücken Gas, muß man schon wieder abbremsen, da entweder das Meer in Sicht kommt, ein Kreisverkehr dem Spaß ein Ende macht oder ein vollbeladener Butangaswagen – einer der beliebten orangefarbenen »rollenden Bomben« – vor einem auf die Überholspur zieht. Die Durchschnittsgeschwindigkeit auf der Insel beträgt übrigens grade mal 70 Stundenkilometer.

Ganze einhundert Kilometer des Straßennetzes auf Mallorca sind »Autopista« (genauso viele Kilometer Fairways gibt es übrigens auf den Golfplätzen), und keine der vier Pistas ist länger als dreißig Kilometer. Aber noch wird munter ausgebaut und neu geplant.

Die segensreiche Via Cintura, die Palma vom Umland abschirmt (oder umgekehrt), wird emsig verbreitet, und die Geschwindigkeit soll demnächst auf 80 Stundenkilometer beschränkt werden. Und eine zweite Cintura befindet sich in Planung.

Der weiteren Ausbreitung grauer Autobahngürtel in die paradiesische Landschaft stehen beflissene Bürgerinitiativen und die recht einflußreichen Grünen, die GOB, entgegen. So soll die zweispurige Kamikaze-Strecke Inca–Port d'Alcúdia zu einer vierspurigen Schnellstraße ausgebaut werden, obwohl die Madrider Zentralregierung Gelder nur für eine Autobahn bewilligt hat. Der Streit dauert an, und die Autobahngegner wollen die frischgedruckten Euro lieber für die Erneuerung der stillgelegten Bahnstrecken verwendet wissen.

Bevor wir uns ins befahrbare Umland hinauswagen, einige Worte zum meist stehenden Verkehr in Palma. Der ist voller Tücken, vor allem, wenn man parken möchte. Kein Wunder, denn 243 000 in Palma zugelassenen Autos stehen 218 000 Abstellplätze gegenüber. Das macht die Parkplatzsuche zu einer nimmer enden wollenden »Reise nach Jerusalem«. Die 25 000 täglichen Verlierer ragen aus Einfahrten, blockieren Gehwege oder drängen sich verschreckt in kratzwandigen Privatgaragen. Die Not der Fahrzeugbesitzer hat einen eigenen Berufsstand erkoren, den freiberuflichen Parkplatzeinweiser. Mit einer Phantasiemütze auf dem Kopf winkt ein kregeliger Sozialfall gegen einen geringen Obolus den Wagen in die nächstbeste Parklücke. Die Parkmisere erklärt auch, warum die derzeit beste Kapitalanlage in der Hauptstadt nicht der Kauf einer Wohnung, dafür aber der Erwerb einer privaten Garage ist.

Palma, das seit den Zeiten der Medina Mayurca etliche bauliche Veränderungen erlebt hat, befindet sich im ständigen Wandel. Die Totalsanierung maroder Stadtteile überschneidet sich zeitlich mit der Erneuerung undichter Wasserleitungen, der Modernisierung der Elektrizitätsversorgung und der unumgänglichen Umstellung auf Erdgas. Nun wird vielleicht verständlich, warum vom Autofahren in der Ciutat dringend abgeraten werden muß. Die Busverbindungen innerhalb der Hauptstadt sind um vieles besser als die auf dem freien Land, und dann gibt es ja noch die Taxis. Die lassen sich vom Straßenrand herbeiwinken und sind an den grün leuchtenden Beulen zu erkennen. Zum Glück für den Passagier kommen die schwarzen Dächer aus der Mode, da sich das Innere des Wagens in den Sommermonaten oft in eine Sauna verwandelt, gegen die auch eine nervtötend säuselnde Klimaanlage keine Chance hat.

Taxilizenzen sind begehrt und kostspielig. Ein findiger Unternehmer versucht derzeit, die Zulassung für Motorradtaxis zu erhalten, um sich mitsamt dem eiligen Passagier durch den Dauerstau zu schlängeln. Ein Aufstand der Taxifahrer gegen dieses unverschämte Unterfangen verzögert den Entscheidungsprozeß.

Die Fahrpreise, die in der Regel dem europäischen Durchschnitt entsprechen, weisen ein paar kuriose Besonderheiten auf. Wer sich zum Beispiel zum Castillo Bellver hochfahren läßt, zahlt einen Neigungswinkelzuschlag von 60 Cent, für die Auffahrt nach Na Burguesa muß man gar 2 Euro Aufschlag löhnen. Will man einkaufen gehen und das Taxi warten lassen, kostet einen diese Dekadenz günstige 14 Euro pro Stunde. 3 Euro Haar- oder Allergiezulage muß es dem Transportwilligen wert sein, will er sein Schoßhündchen mit in den Wagen nehmen, wohingegen Blindenhunde kostenfrei mitdürfen.

Wer aber alle Warnungen in den Wind schlägt und seine eigenen vier Räder nach Palma bewegt, muß Lehrgeld bezahlen, und zwar reichlich.

Um das Auto zu parken, gibt es in der und um die Altstadt herum drei Möglichkeiten: Parkgaragen, die blauen ORA-Abstellplätze oder die freie Wildbahn.

Entlang der Avenidas, unterhalb der Plaza Mayor und an der Kathedrale gibt es reichlich Parkgaragen. Die Kosten belaufen sich etwa auf 1 Euro pro Stunde. Aber die Preise sind das kleinste Problem; das größere Übel ist, daß die Garagen häufig wegen Überfüllung geschlossen sind oder lange Wartezeiten notwendig machen. Wenn es einem doch gelingen sollte, in die Katakomben des motorisierten Wahnsinns vorzudringen, sollte man darauf achten, das Auto nicht zwischen acht und halb neun Uhr abends wieder abzuholen und es womöglich eilig zu haben. Denn um diese Zeit drängen die Geschäftsleute aus ihren Läden – und die Wartezeiten in der Schlange vor der Ausfahrtskasse können bis zu einer Stunde betragen. Meine Empfehlung: das Parkhaus des Kaufhauses Corte Ingles und das Parc del Mar unterhalb der Kathedrale.

Die Straßen in der Innenstadt von Palma weisen auf dem Asphalt ein Muster blauer Kästchen auf, die man in ihrer Gesamtheit nicht einmal am traditionellen autofreien Tag zu Gesicht bekommt, da es zu viele Sondergenehmigungen gibt. Diese blauen Kästchen sind Abstellplätze, sogenannte ORA-Zonen, was soviel bedeutet wie *Ordenanza de regulación de paracamientos*. Olé.

Die Parkgebühren müssen in blaue, relativ einfach zu bedienende Automaten eingefüttert werden, betragen maximal anderthalb Euro und gelten für zwei Stunden. Allerdings muß man das Auto nach Ablauf der Höchstparkdauer wegfahren oder umparken. Ein Tip für Leute, die in Palma nur spazierengehen wollen und nicht shoppen: Die Siesta ist auch den Parkuhren heilig. Zwischen zwei und vier ist das Parken kostenlos, und wenn man um eins kommt, kann man für lächerliche anderthalb Euro bis fünf Uhr parken, und das völlig legal.

Gegen illegale Tricks gehen die Uniformierten mit aller Härte vor. Manche markieren mit Kreide die Reifen jener Wagen, von denen sie annehmen, daß der Fahrer nur schnell einen frischen Parkschein besorgen geht und nicht daran denkt, sein Gefährt von der Stelle zu bewegen. Wer die Zeit überschreitet, findet eine *multa* hinterm Scheibenwischer. Wer die Parkzeit völlig ignoriert oder womöglich gar keinen Parkzettel erstanden hat, wird im schlimmsten Falle mit einem orangeroten Dreieck am Gehsteigrand belohnt, genau an der Stelle, an der das Auto stand.

Auf einigen, offenbar nach dem Zufallsprinzip ausgewählten Parkautomaten thronen angeschweißte »Sparbüchsen«. Dieser Automat gibt dem genervten Inhaber eines Strafzettels die Option der *revocacion de la multa*, einer Art Ablaßzahlung. Durch Betätigen des richtigen Knopfs und das Einwerfen von 5 Euro erhält man eine Eingangsbestätigung. Dieses Zettelchen stopft man zusammen mit der rosa *multa* in einen kleinen Briefumschlag, den man mit etwas Glück unter der Windschutzscheibe vorgefunden hat. Ablaßzettelchen und Umschlag verschwinden nun in der Sparbüchse – und die *multa* ist vergeben und vergessen. Manchmal aber ist kein Umschlag da, trotz Sparbüchse am nächstgelegenen Automaten. Und dann gibt es auch Tage, an denen der Umschlag zwar da, aber der Strafzettel weg ist, der Umschlag vorhanden, aber keine Sparbüchse ... nur der Scheibenwischer da und das Auto weg ... oder so ...

Die deutschen und englischen Residenten begleichen meist fristgerecht ihre *multa* bei der nächsten Bank oder zuständigen Polizeidienststelle. Das wird mit einem netten Rabatt belohnt. Den Mallorquiner dagegen zeichnet eine typische Handbewegung aus: die der geballten Faust, in der sich die kleingeknüllte *multa* befindet. Das Bällchen landet unterm Vordersitz oder im Rinnstein. Derart obrigkeitsverachtendes Verhalten rächt sich spätestens beim Versuch, das Auto ab- oder umzumelden, denn dann lacht die Legislative: Ohne die meist beachtliche Latte jahrelang ignorierter Ordnungsstrafen zu bezahlen, gibt es keine Meldepapiere. Und Datenschutz hin oder her, bei der jährlichen Lohn- oder Einkommensteuerrückerstattung bedient der Fiskus sich selbst. So einfach geht das!

Im Straßensystem Palmas kann man neben den Hinweisen auf die ORA-Zone eine weitere seltsam anmutende Abkürzung lesen: VAP. Das ist nicht Mallorquin für VIP, vielmehr ist die VAP-Spur (*via d'atencio preferent*) für Busse, Taxis, Rettungswagen und Polizeiautos reserviert. Hier hat auch der VIP keine Sonderrechte, es sei denn, er gehört zur mallorquinischen Politprominenz. In der VAP zu parken bedeutet: doppelte Strafen und meistens auch Abschleppen.

Die längsten VAP-Spuren säumen die Avenidas, nach dem Paseo Marítimo der Hauptstadt liebste Rennstrecke. Zum Glück gibt es dort Ampeln, geschwindigkeitsvermindernde Baustellen und sogar Pferdedroschken.

Der Fahrstil der erwerbstätigen Bevölkerung, männlich wie weiblich, ist von Ungeduld geprägt, die sich in Aggressivität verwandelt, je näher die Hauptstadt und der Feierabend kommen. Vor allem Touristen, die bummelnd die Schönheiten der Landschaft genießen wollen, sind dem Einheimischen ein Dorn im Auge. Die Feriengäste halten auf der pittoresken nördlichen Küstenstraße in den Kurven an, lassen die Oma auf dem Rücksitz und zücken die Nikon, während der eilige Einheimische ihnen beinahe die offenstehende Tür abrasiert. Lästig sind jene Briten, die im Kreisverkehr Probleme mit dem Rechtsfahren haben und ihre Autos im Pannenfall schon mal an die falsche Straßenseite schieben. Auf der Landstraße Abstand zu halten ist unmöglich, denn kaum entsteht eine Lücke, setzt der Hintermann zum Überholen an, woran ihn auch ein Zebrastreifen nicht hindert. Zebrastreifen sind ohnehin eher hübsche Dekoration als sichere Geleitwege für die spärlichen Fußgänger. Der Einheimische weiß das und marschiert nicht wie Mitteleuropäer oder Briten blindlings drauflos. Mit den Ampeln verhält es sich ähnlich: Die lustigen bunten Farben sind nicht ganz ernstgemeinte Vorschläge, an die man sich an guten Tagen auch mal halten kann, aber nicht muß. Fußgänger auf Mallorca sollten die Hauptverkehrsadern meiden und sich still ins Inselinnere begeben, wo die Mandeln blühen. Generell muß man wissen:

Augenkontakt und Gestik bedeuten dem motorisierten Insulaner mehr als von unbekannten Sadisten ausgeheckte Verkehrsregeln.

Mallorquinische Autofahrer benutzen aus unbekannten Gründen nur ungern den Blinker. Möglicherweise wird das Anzeigen der gewünschten Fahrtrichtung als Schwäche interpretiert, und so leicht läßt sich ein Mallorquiner eben nicht in die Karten sehen! Ebenso unbeliebt ist es, sich auf der Dorfstraße mit Gehupe drängen zu lassen, wenn man gerade ein unaufschiebbares Gespräch von Autofenster zu Autofenster mit der Kusine zweiten Grades führt. Familie wird eben großgeschrieben, vor allem am Wochenende. Da sind die Autos bis auf den letzten Platz besetzt, das Vierjährige darf auf Mamas Schoß auf den Beifahrersitz, und der Achtjährige zwischen Papas Schenkeln umklammert begeistert mit seinen kleinen Fingern das Lenkrad. Man kann nicht früh genug mit der Fahrpraxis beginnen! Kindersitze gibt es zwar, aber darin kann man auch die Einkaufstüten verstauen.

Den jungen Leuten wird es nicht leicht gemacht mit dem ersten eigenen Auto. Da die meisten Unfälle von Rasern unter 25 verursacht werden, die nahtlos vom Videogame-Parcours auf die Autopista überwechseln, weigern sich die Versicherungen, Autos auf diese Grünschnäbel anzumelden. Oder verlangen exorbitant hohe Beiträge. Meistens findet sich ein gutmütiger Onkel, der dem Nachwuchs ein Auto kauft und es auf seinen eigenen Namen anmeldet. Allerdings steht dann immer noch in den Verträgen der Versicherung, daß der Halter den Wagen nicht von unter 25jährigen fahren lassen darf. Was natürlich keinen interessiert. Was

Unfälle angeht, ist Mallorca ein wenig rühmlicher Spitzenplatz in der europäischen Statistik sicher.

An den Wochenenden versammeln sich gerade in Palma die Youngsters auf Parkplätzen, um sich aus dem Kofferraum mit billigem Bier, aber auch hochprozentigem Alkohol gute Laune anzutrinken, ehe sie in die Diskos aufbrechen. Dort sind die Getränke sündteuer.

Die Verkehrskontrollen finden an den immer gleichen Stellen statt und lassen sich von notorischen Verkehrssündern leicht vermeiden: Bevorzugt parken die Wagen der Guardia Civil trafico an Plätzen mit Kreisverkehr. Gutaussehende Männer in martialischen Knobelstiefeln fordern grimmig zum Herunterkurbeln des Fensters auf und wirken – kein Wunder, in einem Land, in dem der Terrorismus eine echte Bedrohung ist –, als wäre Alarmstufe 1. Bei diesen Gelegenheiten wird ins Röhrchen geblasen, aber stichprobenmäßig auch der Zustand der Autos überprüft. Vor kurzem wurde peinlicherweise bekannt, daß über 60 Prozent der Polizeifahrzeuge keinen ITV – das spanische Äquivalent zum TÜV – haben, was natürlich illegal ist. Beschämt redete sich die Behörde darauf heraus, daß man viele gute Mechaniker beschäftige.

Mit Mechanikern ist Mallorca tatsächlich bestens versorgt. Für die Pannenhilfe ist der Automobilclub RAC zuständig. Allerdings nur, wenn man auch Mitglied ist. Sonst sind es die Versicherungsgesellschaften, die Erste Hilfe leisten. Weil das Abschleppen mit dem Seil oder der Stange auf Mallorca verboten ist, muß der Abschleppdienst gerufen werden, der den seltsamen Namen »Grua« trägt. Das klingt wie der zähneknirschende Fluch nach frischem Blechschaden!

Auf der Insel hat vor etwa zehn Jahren der Trend zum Kreisverkehr zugeschlagen. Der kam so überraschend, daß in den Anfangsjahren der Kreiselei häufig Autos in den frischangelegten Blumenrabatten des Zirkels thronten.

Zum Glück gibt es im wilden Inselinneren immer noch Hunderte von Straßenkilometern, die sich eineinhalbspurig zwischen von Natursteinmauern umgrenzten Mandel- und Olivenhainen dahinschlängeln und auf denen nur gezockelt werden kann. Die Umweltschutzorganisation hat sämtliche Argusaugen darauf gerichtet, daß diese Mauern nicht bei Nacht und Nebel niedergerissen werden. Abwegig ist es nicht, daß ein Behördenhirn auf die Idee kommt, diese unordentlichen Strecken zu begradigen, ähnlich den bedauernswerten Flußläufen Mitteleuropas.

Soweit die gewöhnlichen Vierradfahrer.

Dreiräder gibt es nicht mehr viele. An ihrer Stelle tauchen seit kurzem winzige Gefährte mit vier Rädern auf; sie werden gerne von ehemaligen Dreiradfahrern oder Mopedbesitzern gekauft und erfordern leider keinen Führerschein. Meist sitzen hintern Lenkrad dieser gefährlichen Boliden Leute mit Sehschäden, fünfmal durch die Prüfung gefallene Angsthasen und der ein oder andere Ausgedingebauer, dem es nicht vergönnt war, den Führerschein zu machen. Diese Miniautos rattern mit etwa 50 Stundenkilometern über die Landstraßen, und weil sie vortäuschen, Autos zu sein, werden sie leicht auch für solche gehalten. Tödliche Fehler sind das Ergebnis dieser Fehleinschätzung.

Nun zu den motorisierten Zweirädern: *Deu meu!* kann man da nur verzweifelt ausrufen. Vor allem die

Dörfer sind von Mopedlärm erfüllt. Lieblich brechen sich die Dezibel an den historischen Gemäuern, erschaudernd klirren die Fensterscheiben, und die Trommelfelle vibrieren zu einer Musik, die einem in die Beine fährt, aber zuerst durchs Mark. Nur die Über-Hundertjährigen ertragen stoisch diese Tortur – und schalten gelassen ihr Hörgerät ab.

Trotz gebetsmühlenartig wiederholter Versicherungen der Behörden, demnächst werde endgültig gegen diese akustische Umweltverschmutzung durchgegriffen, geschieht so gut wie nichts. Kein Wunder, denn auch die zehn- bis vierzehnjährigen Nachkommen von Bürgermeister, Polizeichef und Abgeordnetem sind stolz auf ihre neuen Mopeds, und so verhindert das intakte Kastensystem erfolgreich den Schlaf ruhebedürftiger Dorfbewohner.

Nachts ist das Knattern am schönsten, die Brautwerbung per Auspuff um zwei Uhr morgens am effektivsten. Einer Lokalzeitung war die sensationelle exemplarische Beschlagnahmung von vierzehn aufgerüsteten Mopeds einen halbseitigen Artikel wert. Damit war der Angelegenheit Genüge getan.

Stellen die Mopeds im allgemeinen nur eine Gefahr für Seelenfrieden und Hörfähigkeit dar, so sind die schweren Motorräder eine echte Bedrohung für Leib und Leben. An den Wochenenden versammeln sich die Motorradclubs der Insel zum Knattern durch die Sierra Tramuntana. Viele der kleinen Angestellten, die sich ihre Traummaschine vom Mund abgespart haben, verfügen über wenig Fahrpraxis. Weil sie von Fliehkraft noch nie etwas gehört haben, landen sie in den Kurven immer wieder auf der entgegengesetzten Fahrbahn. Im besten Fall gibt es Blechschäden und gebrochene Schlüsselbeine. Eines der gewöhnungsbedürftigsten Geräusche an Sonntagnachmittagen in der Einsamkeit der Berge ist das alarmierende Sirenengeheul des Rettungswagens, der einen weiteren Organspender in die Klinik nach Palma transportiert.

Noch dazu treten die Motorradfahrer gerne im Pulk und in lederner Stammeskleidung auf und verwenden als Kraftstoff reinstes Testosteron, das frau gerne aus dem Handel gezogen sähe. Zumindest im Straßenverkehr!

Harmloser als die BMW- und Honda-Banden sind die meist aus Deutschland kommenden Harley-Clubs, deren Mitglieder nette Easy-riders zwischen 50 und 60 sind. Mit ihren blubbernden Maschinen ziehen sie gemütlich über die Insel und tun nur den Fliegen etwas zuleide. Sie sind weit weniger gefährlich als die Hardcore-Radler. Ich meine tatsächlich Radfahrer.

Mallorca hat die zweifelhafte Ehre, das beliebteste Trainingscamp der Rennradler Europas zu sein. Da Menschen dazu neigen, sich in Gruppen stark zu fühlen, fahren auch die Radler am liebsten in Viererreihen nebeneinander. Und weil moralisch immer im Recht ist, wer keinen Auspuff hat, leitet sich daraus ab, daß die Straßenverkehrsordnung außer Kraft gesetzt ist: Autofahrer haben gefälligst hinterherzuschleichen. Manchmal provoziert ein verbissen in die Pedale tretender Radsportler einen wahren Amoklauf der hinter ihm stetig anwachsenden Kolonne. Lalü. Lala. Jedes Jahr hauchen etliche Radfahrer auf der Insel ihr großherziges Leben aus, und ihre quietschbunten Hemden säumen die Büsche am Straßenrand.

Ist das Radfahren als Sport schon hochriskant, so ist das Fahrrad zur schlichten Fortbewegung ein bewährtes Mittel zum Suizid. Als eine Freundin neulich ihren mallorquinischen Stiefsohn, der zu einem mehrmonatigen Arbeitsaufenthalt nach Hannover fuhr, dazu anhielt, sich beim Rechtsabbiegen auf geradeaus fahrende Radfahrer einzustellen, erntete sie ein verständnisloses Stirnrunzeln. Sollen doch die Radfahrer selber aufpassen! Oder noch besser: Auto fahren!

Noch einige Anmerkungen zum öffentlichen Überlandverkehr: Da die Fahrpläne der Busse nicht aufeinander abgestimmt sind, kann das Reisen zu einer umständlichen Unternehmung werden. Immerhin hat Palma seit kurzem einen schicken, neuen Busbahnhof gleich hinter der Lokalbahn auf der Plaza España, und wenn man Muße hat oder ein Ziel, das ohne Umsteigen erreicht werden kann, sind die Busse eine größtenteils vollklimatisierte Alternative. Wer allerdings auf dem Lande wohnt und abends zu Vergnügungszwekken in die Hauptstadt möchte, wo es immerhin Kinos, Theater, Diskos und Kneipen in Hülle und Fülle gibt, hat hoffentlich eine Matratze in Palma. Denn er wird nach 11 Uhr nachts nicht mehr nach Hause zurückkehren können. Der letzte Bus nach Pollença zum Beispiel verläßt Palma noch bei Tageslicht um etwa 20 Uhr.

Mallorca verfügt auch über ein Eisenbahnnetz, das diesen Namen noch nicht wirklich verdient; es wird jedoch daran gearbeitet. Bisher existiert eine Trasse von Palma Richtung Norden über Inca und von da aus weiter nach Sa Pobla. Die Fahrzeit ist allerdings dreimal so lang wie mit dem Auto, denn der Zug hält in vielen kleinen Orten. Für Pendler aus dem Inselnorden ist dieser Zug nur interessant, wenn sie einen Halbtagsjob haben und Lust verspüren, die übriggebliebene Tageshälfte die heimatliche Landschaft zu bewundern.

Beliebter bei Einheimischen und Touristen ist die alte, aber funktionstüchtige Bahn nach Sóller. Dort gibt es sogar eine vielfotografierte Tram, die den Hafen mit der quirligen Orangenmetropole verbindet. Der Sóller-Zug, den man auf der Plaza España in Palma besteigt, wird vor allem von Pendlern benutzt, wenn auch etliche seit dem erfolgreichen Durchstich des vorgelagerten Berges lieber mit dem Auto fahren. Dieser Tunnel, ein von Schildbürgerstreichen begleitetes Unterfangen, über dem mancher Lokalpolitiker verstorben oder frustriert in Rente gegangen ist, ist als einziger Verkehrsweg auf Mallorca mautpflichtig; Vergünstigungen gibt es nur für die Bewohner von Sóller. Die können die Röhre nicht durchfahren, ohne sich an den größten Politskandal in der Geschichte der Balearen zu erinnern. Obwohl die Justiz die Delikte für verjährt erklärte, führten die von der Baufirma an den Präsidenten Gabriel Cañellas bezahlten Bestechungsgelder zu seinem Sturz.

In der Hauptsaison, die sich mittlerweile auf zwölf Monate auszudehnen droht, touren gigantische Urlauberbusse über die schmalen Straßen, um die Tagesausflügler zu den wichtigen Sehenswürdigkeiten zu transportieren. Diese Busse gehen dank irgendeiner neuen Anti-Elch-Test-Technik mit atemberaubender Geschwindigkeit in die Kurve und versperren allen folgenden Verkehrsteilnehmern die Sicht. Die Straße nach Sa Calobra blockieren sie meist zur Gänze. Als Autofahrer sollte man Sa Calobra weiträumig umgehen; am besten erreicht man es mit dem Segelboot.

Resümierend ist zum Verkehr zu sagen: Er nervt. Und er spiegelt die vielfältige Realität dieser Insel wider, auf der Menschen leben, die einen normalen Nine-to-five-Job nachgehen, sich vermehren, altern und sterben und einfach nur von der Arbeit nach Hause kommen wollen. Dazwischen tummelt sich die fröhliche *Jetzt-mal-langsam-denn-wir-wollen-uns-erholen*-Urlaubswelt in tausenden Leihwagen, die Abenteurer und ihre organisierten Jeepsafaris, bekokste Jung-Erben in Cabrios, aus denen in scharfen Kurven die Blondinen fliegen, Bauern, die bedächtig ihren Kohl zum Markt fahren, der eine oder andere Eselskarren, Traktoren, Mähdrescher, Rettungswagen, die Guardia Civil, Tankwagen, Gasautos, Schwerlaster – und hin und wieder eben auch ein Einrad. Auch das ist Mallorca.

PIPER

Eckhart Nickel
Gebrauchsanweisung für Portugal

146 Seiten. Geb.

Noch heute geht der Blick der Portugiesen melancholisch hinaus auf den Atlantik. Mit dem Aufbruch über das Wasser nahm ihre große Zeit den Anfang, die Epoche der Eroberungen durch den legendären Seefahrer Vasco da Gama. Die Sehnsucht nach dem Glanz dieser versunkenen Zeit ist noch heute zu spüren in den *Barbearias* von Lissabon oder in den ehrwürdigen Gebäuden der Universität von Coimbra. Inzwischen ist Portugal hellwach, bei *fado* und Wein wird gefeiert in den schicken Bars und Cafés von Lissabon, wo früher Pessoa an seinen Gläschen genippt hat. Und so scheint das kleine Land am äußersten Südwestrand des Kontinents spätestens seit der Weltausstellung ganz in den Mittelpunkt Europas gerückt zu sein. Mit seiner stillen Eleganz, dem berühmten *fado*, der verzaubernd traurigen Musik, und dem Eigensinn seiner Menschen hat es Eckhart Nickel, den weltreisenden Schriftsteller, auf immer für sich eingenommen. Und der weiß inzwischen neben dem unumgänglichen Portwein die portugiesische Vorliebe für *telenovelas* ebenso zu schätzen wie den Klang der zungenbrecherischen portugiesischen Sprache.

PIPER

Bruno Jonas
Gebrauchsanweisung für Bayern

180 Seiten. Klappenbroschur

Wo liegt Bayern? Wer lebt dort? Franken, Schwaben, Oberpfälzer, Allgäuer, Bayern, Zugereiste? Was hat es mit dem Vielvölkerstaat Bayern auf sich? Wie setzt sich das Volk der Bayern zusammen, und wer darf sich Bayer nennen? Stimmt es, daß die Lieblingsbeschäftigung der Bayern Fingerhakeln, Schuhplatteln und – Granteln ist?
Bruno Jonas, scharfzüngiger Kabarettist und Niederbayer, legt seine besondere Beziehung zum Land der Zwiebeltürme und Schweinshax'n, der glitzernden Seen und saftiggrünen Buckelwiesen, der Barockklöster und Biergärten dar – logisch, daß dabei Kultstars wie König Ludwig und die Dreifaltigkeit CSU, BMW und FCB nicht fehlen dürfen.